Sbardun

Meinir Ebbsworth

caa
PRIFYSGOL
ABERYSTWYTH

ⓑ Prifysgol Aberystwyth, 2009 ©

Mae hawlfraint ar y deunyddiau hyn ac ni ellir eu hatgynhyrchu heb ganiatâd perchennog yr hawlfraint.

Cyhoeddwyd gan y Ganolfan Astudiaethau Addysg, Aberystwyth (www.caa.aber.ac.uk)

Noddwyd gan Lywodraeth Cynulliad Cymru.

ISBN 978-1-84521-325-1

Golygwyd gan Delyth Ifan

Dyluniwyd gan Richard Huw Pritchard

Argraffwyd gan Gwasg Gomer

Diolch i Rhian Llwyd Dafydd, Eleri Owen ac Eleri Wyn Thomas am eu harweiniad gwerthfawr.

Cydnabyddiaethau

Mae'r cyhoeddwyr yn ddiolchgar i'r canlynol am ganiatâd i atgynhyrchu deunyddiau:

Catrin Stevens
Cyngor Llyfrau Cymru
Graham Howells
Gruff Roberts
Gwasg Gomer
Gwasg UWIC
Hefin Jones
Lammas
Martin Morgan
Mererid Hopwood
Stella Gruffudd
Tudur Dylan Jones
Urdd Gobaith Cymru
Walker Books Limited
Wayne Lewis

Lluniau a ffotograffau

Richard Huw Pritchard – tud. 6, 7, 8, 13, 16, 17, 19, 21, 22, 23, 29, 30, 31, 34, 40, 45, 46, 70, 82
TopFoto – tud. 46, 80, 81
Lammas – tud. 51
Brian Tarr – tud. 62
stock.xchng (sxc.hu) – tud. 70, 72, 73

Cynnwys

Sbardun	Math	Canllaw	Ffynhonnell	Tasg	Iaith
Ffocws Iaith 1	-		-	Paragraffu	Paragraffu
Ffocws Iaith 2	-		-	Berfau cryno	Berfau cryno
Ffocws Iaith 3	-		-	Treiglo ar ôl 'fy'	Treiglo ar ôl 'fy'
Ffocws Iaith 4	-		-	Treiglo ansoddeiriau ar ôl 'yn'	Treiglo ansoddeiriau ar ôl 'yn'
Ffocws Iaith 5	-		-	Arddodiaid	Arddodiaid
Ffocws Iaith 6	-		-	Cystrawennau	Cystrawennau
Arferion Aflan	Ffeithiol	*	*Y Tuduriaid Trafferthus a'r Stiwartiaid Syrffedus* Catrin Stevens, Gomer	Trafod rheolau	Y Negyddol
Bwyd	Ffeithiol	***	www.eatwell.gov.uk	Trafod taflen wybodaeth	Berfau gorchmynnol
Dim	Cerdd	**	*Ar Hyd y Flwyddyn*, Mererid Hopwood, Gomer	Trafod disgrifiad	Paragraffu ac atalnodi
Llaw	Cerdd	**	*Adenydd*, Tudur Dylan Jones, Gomer	Trafod hunan bortread	Treiglad trwynol ar ôl 'fy'
Mewn Hen Gastell	Ffuglen	***	Cyfansoddiadau Llenyddol Buddugol 2005	Trafod agoriad stori	Berfau cryno
Rysáit	Ffeithiol	**	-	Trafod rysáit	Berfau gorchmynnol
Ymwelydd i De	Ffuglen	***	*Te yn y Grug*, Kate Roberts, addas. UWIC	Trafod stori	Geiriau croes

Sbardun	Math	Canllaw	Ffynhonnell	Tasg	Iaith
Eco	Ffuglen	***	*Eco*, Emily Huws, Cymdeithas Lyfrau Ceredigion	Trafod cymharu	Iaith cymharu
Pentref Eco	Ffeithiol	**	gwreiddiol	Trafod erthygl papur newydd	Paragraffu ac atalnodi
Eira	Ffuglen	***	Hefin Jones, CIP Rhagfyr 2007	Trafod stori	Treiglad meddal ar ôl arddodiaid
Nicholas Daniels	Ffeithiol	**	Adnabod Awdur, Cyngor Llyfrau Cymru Broliant llyfr	Trafod casglu gwybodaeth	Mynegi barn
Y Tywydd	Ffeithiol	*	gwreiddiol	Trafod bwletin tywydd	Idiomau
Troi a Throelli	Ffeithiol	**	*Gwyllt, Gwlyb a Gwyntog, Ffaith i Ti!*, Dref Wen	Trafod bwletin newyddion	Cyffelybiaethau
Y Draenog	Cerdd	**	*Blodeugerdd y Plant*, (gol. Gwilym Rees Hughes ac Islwyn Jones), Gomer	Trafod cerdd	Mydr ac odl
Teulu Abram Wood	Ffeithiol	***	*Yr Hen Ffordd Gymreig, Cymeriadau*, Catrin Stevens, CAA	Trafod ffeithiau am sipsiwn	Casglu gwybodaeth
Tân ar y Comin	Ffuglen	**	*Tân ar y Comin*, T. Llew Jones, Gomer	Trafod chwarae rôl	Berfau'r presennol
T. Llew Jones	Ffeithiol	**	gwreiddiol	Trafod ffeithffeil	Casglu gwybodaeth
Tal, Byr, Cryf a Chyflym	Ffeithiol	*	gwreiddiol	Trafod erthygl papur newydd	Cymharu ansoddeiriau
Sêr Gêmau'r Gyfanwlad, Ewrop a'r Byd	Ffeithiol	***	*Yr Hen Ffordd Gymreig, Campau a Chwaraeon*, Catrin Stevens, CAA	Trafod chwarae rôl	Mynegi barn
Y Tortsh Hud	Ffuglen	**	*Y Tortsh Hud*, Martin Morgan, Dref Wen	Trafod dyddiadur	Berfau cryno

Tudalennau
Iaith ac Ymarferion

Ffocws Iaith 1

Paragraffu

Mae rhannu eich gwaith i baragraffau yn bwysig iawn.

Mae paragraffau'n rhoi trefn ar eich gwaith.

Meddyliwch am stori Gelert:

Llywelyn yn dywysog, mab bach ganddo a chi o'r enw Gelert.	Llywelyn yn mynd i hela. Ei wraig yn teimlo'n anhwylus.	Gelert yn eistedd ger crud y babi tra bo'r babi'n cysgu. Clywed sŵn. Blaidd.
Gelert yn ymladd yn ffyrnig gyda'r blaidd er mwyn amddiffyn y babi.	Gelert yn llwyddo i gael gwared ar y blaidd. Gelert wedi clwyfo'n wael.	Llywelyn yn dychwelyd o'r helfa. Methu gweld y babi yn unman ond gwaed dros Gelert.
Llywelyn yn lladd Gelert gyda'i gleddyf.	Llywelyn yn sylweddoli bod Gelert wedi ceisio amddiffyn y babi.	Claddu Gelert. Enwi'r lle yn 'Beddgelert'.

Wrth ysgrifennu'r stori hon byddech yn defnyddio paragraff gwahanol i bob blwch.

Rydym yn dechrau paragraff newydd lled bys bawd o ochr y dudalen.

Cododd Huw ei ben i weld Yncl Gwyn yn ...r ben un o'r dynion yn y mygydau. Allai ...credu pa mor ddewr oedd o. Allai o ddim ...a mor gryf oedd o. Daliai ei afael yn y dyn ...hwnnw'n trio ei orau glas i ddianc. Daeth ...eraill draw i helpu.

Heb feddwl yr un eiliad am y perygl, ...d Huw ar ei draed a rhedeg tuag ato. Roedd ...wyllt ar fin gadael y siop pan neidiodd Huw ...o â'i freichiau ar led. Llwyddodd i gael gafael ...esau a'i dynnu'n bendramwnwgl i'r llawr.

Sut ydych chi'n mynd i gofio ysgrifennu mewn paragraffau?

Meddyliwch am ambell raglen deledu.

Ar ôl rhyw ychydig o'r rhaglen maen nhw'n cymryd 'egwyl' i ddangos hysbysebion.

Meddyliwch am baragraff newydd fel 'egwyl' mewn rhaglen deledu!

"Dewch yn ôl aton ni ar ôl yr egwyl"

Ffocws Iaith 2

Berfau cryno

Mae berfau'n holl bwysig mewn iaith.

Ydych chi'n cofio beth yw berf?

> **Gair gwneud yw berf**

Edrychwch ar y ddau dŷ hyn.

Beth yw'r gwahaniaeth rhyngddyn nhw?

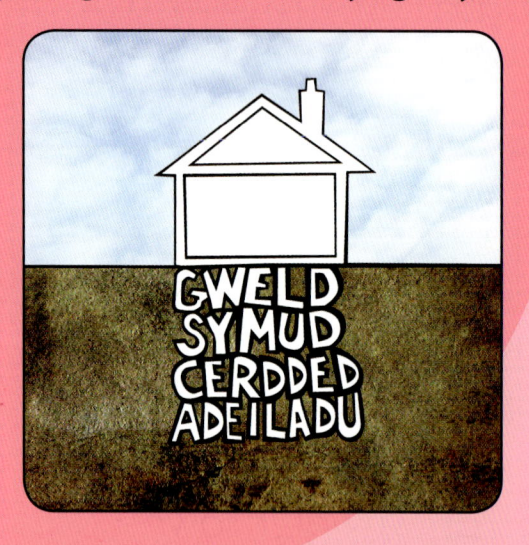

GWELD
SYMUD
CERDDED
ADEILADU

Pa dŷ fydd yn sefyll a pha dŷ fydd yn disgyn? Pam?

Mae berfau'n bwysig iawn yn y Gymraeg. Mae berf ym mhopeth rydyn ni'n ei ddweud a'i ysgrifennu.

> Ceisiwch ddweud dwy frawddeg wrth eich partner heb ddefnyddio berf.
>
> Ydy'r brawddegau'n gwneud synnwyr?

Dewiswch ferf i'w rhoi yn y bylchau.

1. _____ i'r ysgol bore ddoe.
2. _____ yn dawel yn y wers piano.
3. _____ 100 medr yn y pwll.
4. _____ lond fy mol i ginio.
5. _____ y golau cyn mynd i'r gwely.

6 _____ bob diferyn gan fy mod yn sychedig iawn.

7 _____ yn gyflym yn y ras.

8 _____ y bêl i'r rhwyd.

9 _____ 'Tân ar y Comin' gan T. Llew Jones.

10 _____ fy nghylchgrawn cyn mynd i gysgu.

ciciais	bwytais	darllenais	yfais	cerddais
eisteddais	mwynheais	rhedais	nofiais	diffoddais

Mae'r berfau hyn i gyd wedi digwydd yn yr amser gorffennol.

Mae'r berfau hyn hefyd yn sôn am 'fi'.

Roeddwn **i** wedi darllen	darllen**ais**
Roeddwn **i** wedi eistedd	eistedd**ais**

Efallai y byddwn ni eisiau ysgrifennu am bobl eraill hefyd yn yr amser gorffennol:

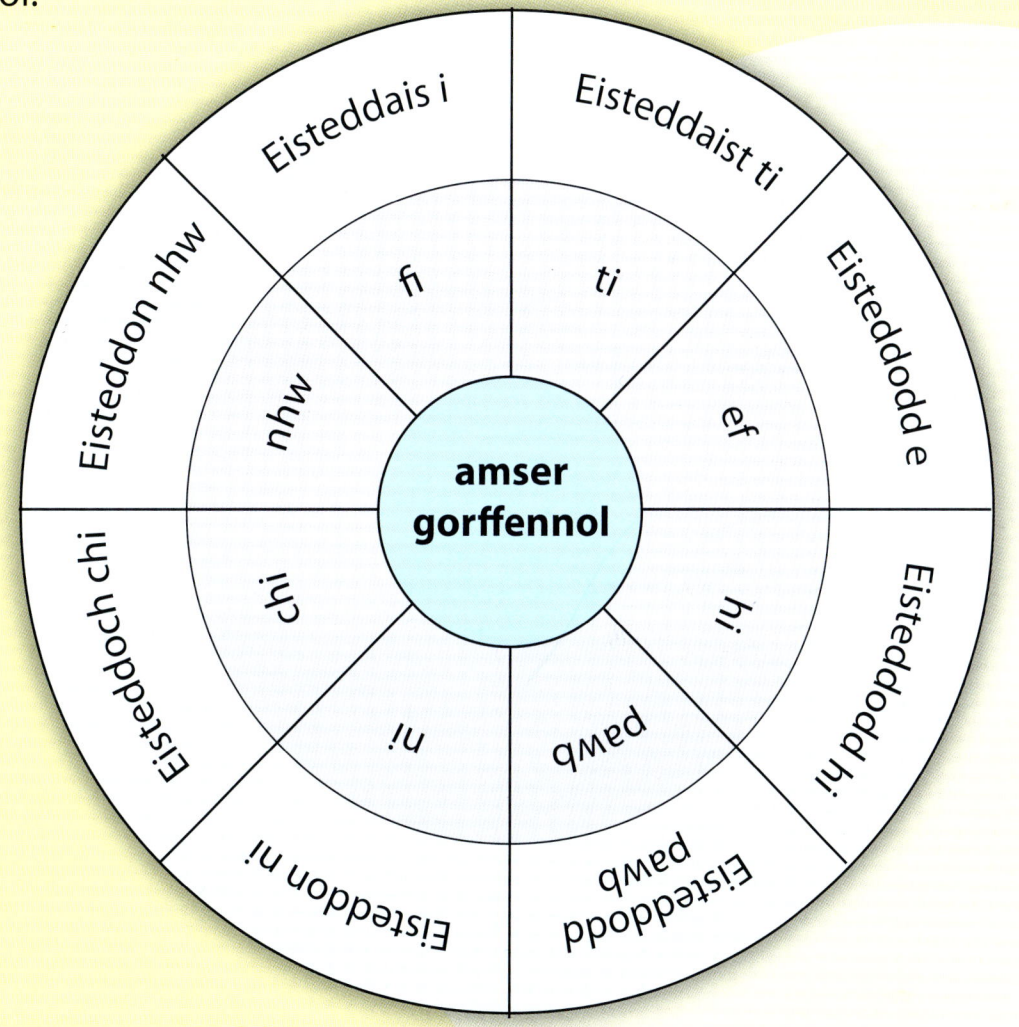

- Eisteddais i — fi
- Eisteddaist ti — ti
- Eisteddodd e — ef
- Eisteddodd hi — hi
- Eisteddodd pawb — pawb
- Eisteddon ni — ni
- Eisteddoch chi — chi
- Eisteddon nhw — nhw

amser gorffennol

Ffocws Iaith 3

Treiglo ar ôl 'fy'

Pa un o'r rhain sy'n gywir?

| bag fi | fy mag i |

Rydyn ni'n treiglo'n drwynol ar ôl 'fy'.

Dyma'r treiglad trwynol.

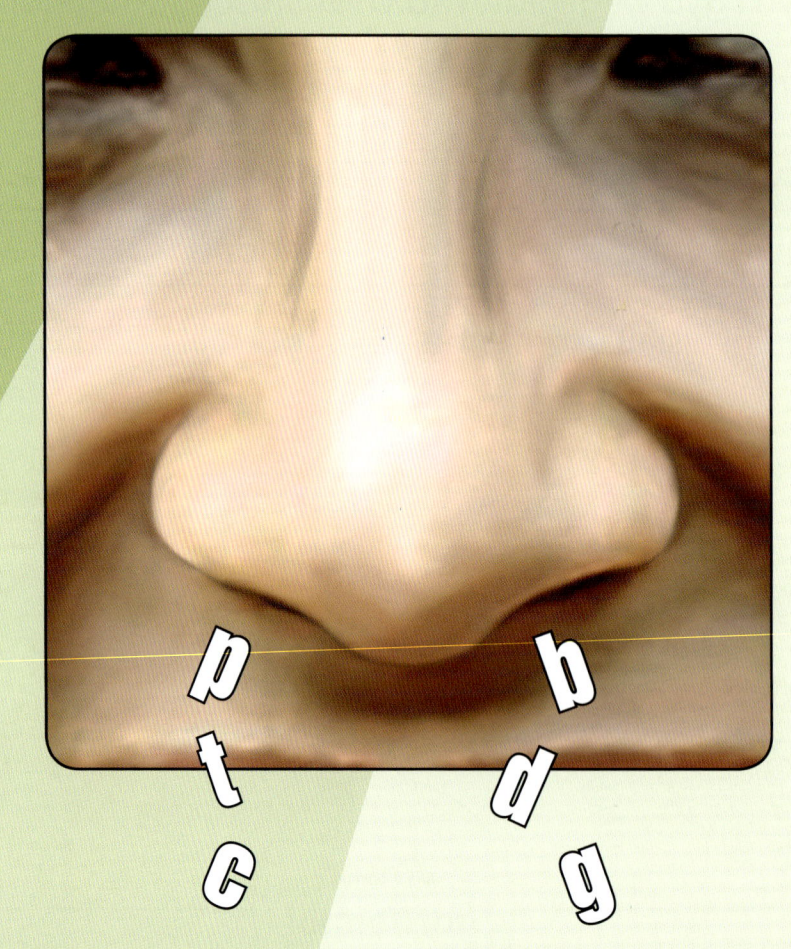

p t c
b d g

Mae'r llythrennau hyn yn treiglo ar ôl y gair 'fy'.

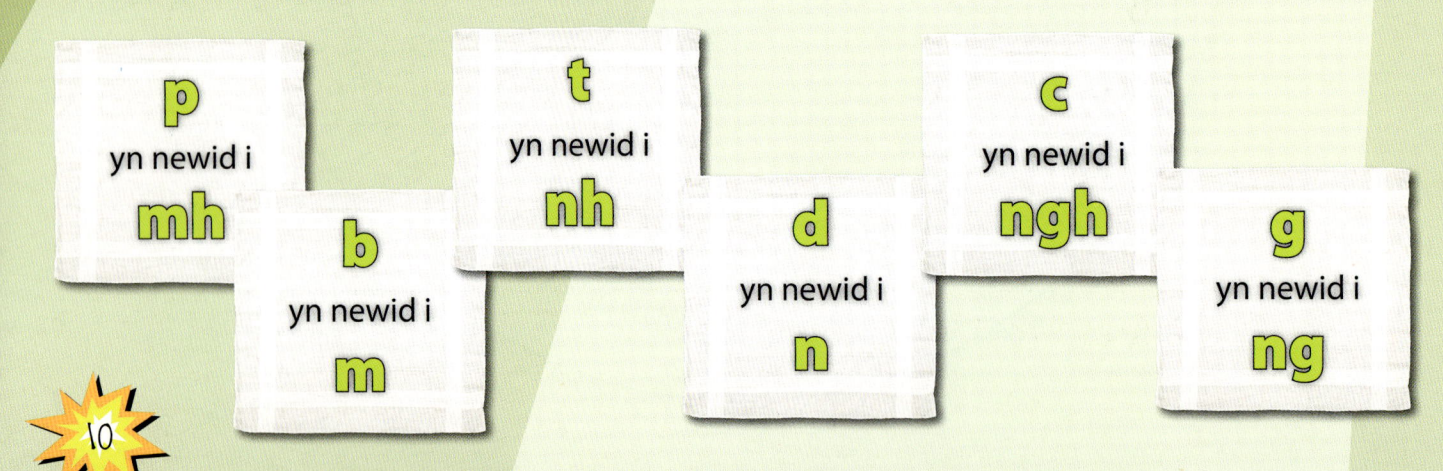

p yn newid i **mh**

t yn newid i **nh**

c yn newid i **ngh**

b yn newid i **m**

d yn newid i **n**

g yn newid i **ng**

Oes unrhyw batrwm rhwng y ffordd y mae'r llythrennau'n newid?

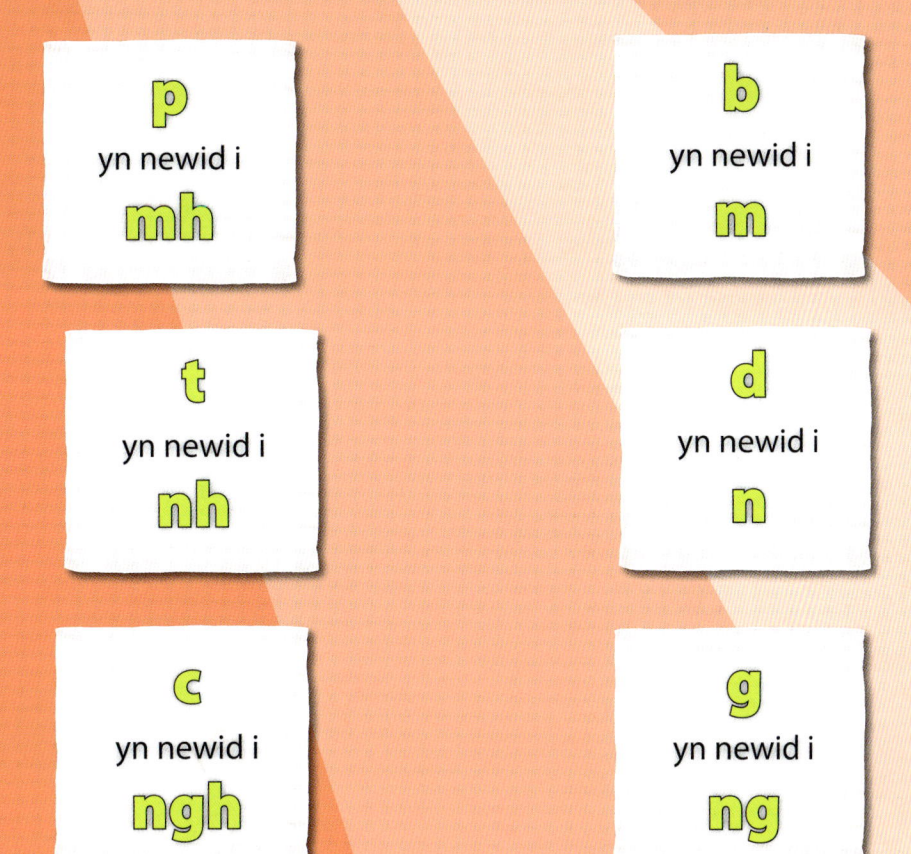

p yn newid i **mh**

b yn newid i **m**

t yn newid i **nh**

d yn newid i **n**

c yn newid i **ngh**

g yn newid i **ng**

Cywirwch yr isod:

1	fy ceffyl	
2	fy teulu	
3	fy pensil	
4	fy pêl	
5	fy cartref	
6	fy dannedd	
7	fy bwyd	
8	fy gardd	
9	fy gwely	
10	fy cyfrifiadur	

Mae camgymeriadau yn y paragraffau hyn. Mae angen cofio treiglo ar ôl 'fy'.

Mae gen i deulu mawr. Mae fy tad yn hoffi ffermio ac mae fy mam yn hoffi coginio. Mae fy tad yn cadw llawer o ddefaid ar ein fferm ni. Mae gen i frawd mawr hefyd. Mae fy brawd yn swnllyd iawn ac mae e'n hoffi mynd ar gefn y beic cwad. Mae fy beic cwad i'n goch ac yn bwerus iawn. Mae Moss, y ci, yn hoffi rhedeg ar ôl y beic. Mae fy ci i'n gi cyflym dros ben!

Rydw i'n edrych yn debyg iawn i fy tad-cu. Mae fy gwallt i'n felyngoch fel yr haul yn machlud. Mae fy bochau i'n goch ac mae fy trwyn i'n fach. Mae fy clustiau i'n gwrando ar bopeth – yn arbennig ar bethau nad ydw i fod i'w clywed! Mae fy teulu i'n meddwl fy bod i'n dipyn o gymeriad oherwydd rwy'n hoff iawn o wneud i bobl chwerthin.

Mae fy ystafell wely i'n llawn dop o lanast! Mae fy gwely i'n llenwi'r ystafell ac mae fy posteri pêl-droed i ar bob wal! Mae gen i gyfrifiadur yn fy ystafell hefyd ac mae fy cyfrifiadur i wrth ymyl y ffenest. Mar fy dillad i yn aml ar y llawr ac mae mam yn mynd yn flin yn aml! Mae gen i lyfrau ar y silff ac mae fy cylchgronau yno hefyd. Rydw i wrth fy bodd yn cael llonydd yn fy ystafell wely!

Ffocws Iaith 4

Treiglo ar ôl 'yn'

Ydych chi'n cofio beth yw ansoddair?

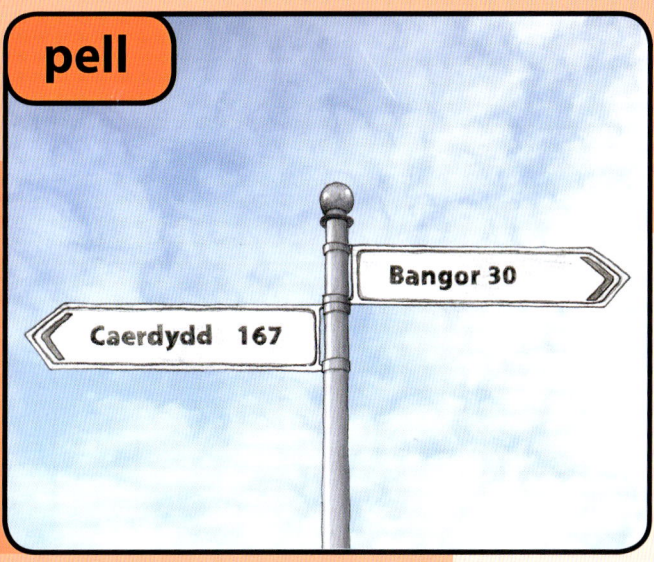

cyflym

drud

pell

anferthol

Mae pob ansoddair yn treiglo'n feddal ar ôl 'yn'.

p	yn newid i	b	prydferth	yn brydferth
t	yn newid i	d	tlawd	yn dlawd
c	yn newid i	g	cryf	yn gryf
b	yn newid i	f	bach	yn fach
d	yn newid i	dd	difyr	yn ddifyr
g	yn diflannu	–	gwan	yn wan
m	yn newid i	f	mawr	yn fawr

Ffocws Iaith 5

Treiglo ar ôl arddodiaid

Geiriau bach yw'r arddodiaid, ond maen nhw'n eiriau bach pwysig dros ben.

am · ar · at · gan · dros · drwy · wrth · dan · heb · hyd · o · i

Mae treiglad meddal yn digwydd ar ôl y geiriau bach hyn.

p	yn newid i	b	pentref	i bentref
t	yn newid i	d	talu	wrth dalu
c	yn newid i	g	cael	o gael
b	yn newid i	f	bachgen	at fachgen
d	yn newid i	dd	dant	heb ddant
g	yn diflannu	–	gardd	trwy ardd
m	yn newid i	f	mynydd	ar fynydd
ll	yn newid i	l	llaeth	o laeth
rh	yn newid i	r	rhyfedd	am ryfedd

Rhowch 'i' o flaen y geiriau hyn:

cerdded   meddwl   trafod   gweithio

Rhowch 'o' o flaen y geiriau hyn:

pobl   misoedd   ceir   llyfrau

Pwy sy'n medru rhoi'r arddodiad gyda'r gair mewn brawddeg?

er enghraifft, Diolch yn fawr am **d**refnu'r parti.

am trefnu	ar bwrdd
gan gwenu	drwy meddwl
dros pont	at teulu
dan traed	o bwyd
heb poeni	wrth penderfynu
i crio	hyd llawr

Ffocws Iaith 6

Cystrawennau Saesneg

Mae'n rhaid i ni wneud yn siŵr ein bod yn ysgrifennu mewn Cymraeg da, a heb ddefnyddio geiriau sydd wedi eu cyfieithu o'r Saesneg.

✓	✗
y plant i gyd	gyd o'r plant
weithiau	rhai weithiau
dw i'n	fi yn
os nad oes	os mae ddim

Arferion Aflan

Os ydych chi eisiau gwneud argraff (wael!) ar eich athrawon Hanes hyll (yr Hanes nid yr athrawon!) dangoswch eich bod chi'n gwybod am arferion aflan y Tuduriaid trafferthus a'r Stiwartiaid syrffedus.

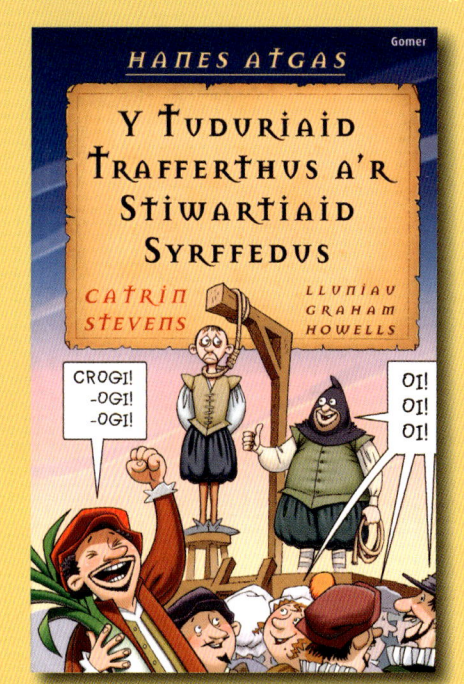

CYFARCHION CŴL

Yn y Cyfnod Modern Cynnar doedd pobl gogledd Cymru ddim yn dweud 'Helô' neu 'Bore da' neu 'Pnawn da' (fel pobl call de Cymru). O na! wrth siarad â'u hathrawon bydden nhw'n defnyddio cyfarchion cŵl fel:

Wala hai, Miss Jones!

Neu, os oeddech chi eisiau bod yn fwy cŵl fyth, beth am y rhain?

'Wawch Mrs Williams' neu 'Wala! wfft a naw wfft Brifathro!'

Yn anffodus roedd pobl yn hoffi rhegi hefyd – yn enwedig trwy ddefnyddio enwau'n gysylltiedig â chŵn. Roedden nhw'n meddwl fod cŵn yn anifeiliaid swnllyd, cwerylgar ac afiach. (Doedd dim RSPCA bryd hynny.) Peidiwch CHI â defnyddio'r geiriau yma – yn enwedig wrth eich athrawon:

corgi! chwiwgi! wyneb-ci! cachgi! y fflamgi drewllyd!

Pam maen nhw'n pigo arna i drwy'r amser?

Fyddai dim llawer o ffrindiau gyda chi os byddech chi'n defnyddio iaith fel yna. Ac roedd rhai yn hoffi disgrifiadau mwy lliwgar fyth!

y scwlpin benglog brwnt!

yr hwch feddw!

y lloercan yslafan bendew!

YSGOLION YSGLYFAETHUS OES Y TUDURIAID

Mae'n siwr fod rheolau twp iawn gan eich ysgol chi. Ond roedd rheolau llawer iawn mwy twp yn ysgolion ysglyfaethus oes y Tuduriaid.

RHEOLAU YSGOL RAMADEG RHUTHUN 1590

Dim merched (trueni neu hwrê?)

Mae'r ysgol yn dechrau am 6 o'r gloch y bore.

RHAID bod â wyneb a dwylo glân bob amser.

DIM mynd i'r ffair neu'r farchnad yn Rhuthun.

DIM chwarae dîs, cardiau na phêl.

DIM siarad Cymraeg.

RHAID i'r bechgyn bach siarad Saesneg drwy'r amser.

RHAID i'r bechgyn mawr siarad Lladin neu Groeg drwy'r amser (dim Saesneg).

Don't talk Welsh!

Paid ti â siarad Saesneg!

Arferion Aflan

Grwpiau Trafod

1. Sut oedd pobl Gogledd Cymru yn dweud 'helô' yn ystod y Cyfnod Modern Cynnar?
   Dewch o hyd i 3 ffordd.

2. Beth oedd barn y bobl hyn am gŵn?

3. Edrychwch ar gartwnau 2 a 3.
   Pa eiriau yw'ch hoff rai chi? Pam?

YSGOLION YSGLYFAETHUS

Grwpiau Trafod

1. Beth yw'ch barn chi am reolau Ysgol Ramadeg Rhuthun yn 1590?

2. Ydy'r rheolau hyn yn debyg neu'n wahanol i reolau eich ysgol chi? Sut?

Iaith

Edrychwch ar y geiriau hyn:

✓ FFURF GADARNHAOL

✗ NEGYDDOL

Mae'n rhaid	Does dim rhaid
Mae eisiau	Does dim eisiau

Llenwch y grid hwn:

1	Mae'n rhaid siarad	Does dim rhaid siarad
2	Mae'n rhaid gweithio	
3	Mae'n rhaid ysgrifennu	
4	Mae eisiau defnyddio	
5	Mae eisiau bwyta	
6	Mae'n rhaid eistedd	
7	Mae'n rhaid canu	
8	Mae'n rhaid rhannu	
9	Mae'n rhaid cerdded	
10	Mae'n rhaid gorffen	

Ewch ati i greu rhestr o reolau delfrydol ar gyfer eich ysgol chi.

Defnyddiwch:

- ffurfiau cadarnhaol 'Mae'n rhaid'
- ffurfiau negyddol 'Does dim rhaid'

wrth ysgrifennu'ch rheolau.

Delfrydol = y pethau gorau y gallwch chi feddwl amdanynt!

Does dim rhaid gwisgo gwisg ysgol i'r ysgol. Gallwch wisgo eich dillad eich hun!

Does dim rhaid cael gwersi Mathemateg o gwbl!

Mae'n rhaid i bawb chwarae ar y Wii yn yr ysgol!

Mae'n rhaid i bawb wrthod gwneud eu gwaith cartref!

Bwyd

Mae'r rhan fwyaf o bobl yn gwybod bod angen i ni fwyta mwy o ffrwythau a llysiau. Ond dyw'r rhan fwyaf ohonom ni ddim yn bwyta digon. Oeddet ti'n gwybod y dylen ni fwyta o leiaf bum dogn o lysiau a ffrwythau bob dydd?

Gelli di ddewis llysiau a ffrwythau ffres, wedi'u rhewi, mewn tun, wedi'u sychu neu mewn sudd. Ond cofia nad yw tatws yn cyfrif oherwydd eu bod yn fwyd â startsh.

Faint o lysiau a ffrwythau ddylwn i eu bwyta?

Llawer! Dylai llysiau a ffrwythau gyfrif am tua traean o'r bwyd rwyt ti'n ei fwyta bob dydd. Mae hefyd yn bwysig i fwyta amrywiaeth. Mae pump y dydd yn darged da a hawdd ei gyrraedd. Os wyt ti'n cyfrif dy ddognau bob dydd, gallai hyn dy gynorthwyo di i gynyddu faint rwyt ti'n ei fwyta.

Ond beth yw dogn?

UN dogn = 80g = unrhyw un o'r rhain:

- 1 afal, banana, gellygen, oren neu ffrwyth arall o'r un maint
- 1 sleis o ffrwyth mawr, fel melon neu afal pîn
- 3 llwy fwrdd dda o lysiau
- 3 llwy fwrdd dda o salad ffrwythau
- 1 llwy fwrdd dda o ffrwythau sych
- 1 llond llaw o rawnwin, ceirios neu aeron
- Powlen bwdin o salad
- Gwydraid o sudd ffrwythau (faint bynnag y byddi di'n ei yfed, mae sudd ffrwythau yn cyfrif fel un dogn y dydd)

Cael dy bum dogn y dydd

Os wyt ti'n bwyta un neu ddau ddogn gyda phob pryd ac yn bwyta byrbryd ffrwythau o bryd i'w gilydd, byddi di'n synnu gweld pa mor hawdd yw bwyta pump y dydd.

Amser brecwast fe allet ti:

- ychwanegu llond llaw o ffrwythau sych at dy rawnfwyd
- bwyta hanner grawnffrwyth neu afal
- yfed gwydraid o sudd ffrwythau

Amser cinio fe allet ti fwyta:

- powlen o salad
- brechdan fanana
- salad ffrwythau

Amser swper fe allet ti:

- ychwanegu llysiau at bryd o fwyd fel cyri neu caserol
- gweini o leiaf dau fath o lysiau gyda'r pysgodyn, cyw iâr neu gig

A chofia, pan fyddi di am gael byrbryd, cer am afal, banana neu ffrwythau wedi'u sychu.

Cael y gorau o lysiau a ffrwythau

Mae rhai fitaminau a mwynau'n cael eu colli'n hawdd wrth eu paratoi neu goginio, felly cofia:

- fwyta ffrwythau a llysiau ffres cyn gynted â phosibl yn hytrach na'u cadw am gyfnod maith – neu ddefnyddia ffrwythau wedi'u rhewi;
- peidio â gorgoginio. Dechreua gyda dŵr berwedig a'u gorchuddio'n ofalus i gadw'r stêm, gan fod hyn yn cyflymu'r amser coginio. Gallet ti ddefnyddio sosban stemio neu ficrodon;
- defnyddio cyn lleied o ddŵr â phosibl wrth goginio llysiau a ffrwythau;
- peidio â chadw bwyd yn boeth am yn rhy hir gan fod lefelau fitamin yn dechrau gostwng o fewn ychydig funudau.

Pam fod hyn yn bwysig?

Mae llysiau a ffrwythau yn cynnwys llawer o fitaminau a mwynau, ond nid yw'r rhan fwyaf ohonom yn bwyta digon ohonyn nhw.

Ceisia fwyta amrywiaeth eang o lysiau a ffrwythau a cheisia fwyta o leiaf bum dogn y dydd. Ceisia osgoi:

- ychwanegu braster neu saws bras at lysiau (fel menyn ar foron);
- ychwanegu siwgr neu ddresins surop at ffrwythau (fel afal wedi'i stiwio).

Plât bwyta'n iach

Os wyt ti am gael y cydbwysedd cywir yn dy ddeiet, defnyddia'r plât bwyta'n iach.

Mae'r plât bwyta'n iach yn ei gwneud hi'n haws i ddeall bwyta'n iach drwy ddangos y mathau o fwyd a faint o bob math y dylem fod yn ei fwyta i ddilyn deiet iach a chytbwys.

Mae'r plât bwyta'n iach yn dangos faint o fwyd y dylet ti ei fwyta o bob grŵp bwyd gwahanol. Mae hyn yn cynnwys popeth rwyt ti'n ei fwyta yn ystod y dydd, gan gynnwys byrbrydau.

Felly, ceisia fwyta:

- digon o ffrwythau a llysiau;
- digon o fara, reis, tatws, pasta a bwydydd eraill â startsh - dewisa fathau grawn cyflawn lle bo hynny'n bosibl;
- rhai cynhyrchion llaeth;
- rhai cigoedd, pysgod, wyau, ffa a ffynonellau eraill o brotein nad ydynt yn gynnyrch llaeth;
- ychydig bach o fwydydd a diodydd sy'n uchel mewn braster a/neu siwgr.

Edrycha ar y plât bwyta'n iach i weld faint o'th fwyd ddylai ddod o bob grŵp bwyd. Nid oes rhaid i ti gael y cydbwysedd yn gywir ym mhob pryd, ond ceisia ei gael yn iawn dros y diwrnod cyfan neu'r wythnos.

Ceisia ddewis bwyd sy'n cynnwys llai o fraster, halen a siwgr lle bo hynny'n bosibl.

Bwyd

Grwpiau Trafod

- Sut mae gwneud yn siwr eich bod yn bwyta pum dogn y dydd o ffrwythau a llysiau?
- Beth yw'r ffordd orau o goginio llysiau er mwyn cadw eu maeth?
- Meddyliwch am eich deiet chi ddoe. A gawsoch chi bum dogn o lysiau a ffrwythau?
- Gwnewch fwydlen ar gyfer eich deiet chi fory.

Dilynwch gynllun y Plât Bwyta'n Iach.

Geirfa

Edrychwch yn *Geiriadur Cynradd Gomer* am ystyr y geiriau hyn.

Rhowch y geiriau mewn brawddegau.

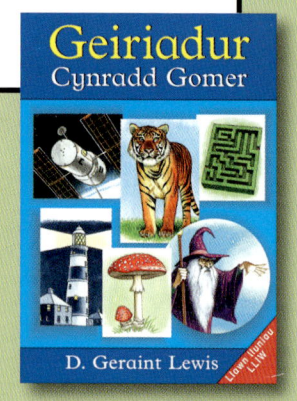

dogn	amrywiaeth	cynorthwyo
byrbryd	mwynau	cydbwysedd

Iaith

Mae'r darn yn defnyddio berfau fel hyn:

CEISIA

EDRYCHA

COFIA

Mae'r berfau hyn yn siarad gydag un person

Os ydyn ni eisiau i'r berfau siarad gyda mwy nag un person, yna mae'n rhaid inni eu newid ychydig bach:

Unigol (un)	Lluosog (mwy nag un)
ceisi**a**	ceisi**wch**
edrych**a**	edrych**wch**
cofi**a**	cofi**wch**

Rhowch y berfau cywir yn y grid:

Un person (unigol)	Mwy nag un person (lluosog)
Ysgrifenna	
	Darllenwch
Rho	
	Gofalwch
Cysga	
	Rhedwch
Siarada	
	Cerddwch
Gwna	
	Peidiwch
Eistedda	

Mae Cyngor yr ysgol wedi bod yn trafod bwyta'n iach.

Maen nhw eisiau cynnal noson i rieni yn sôn am bwysigrwydd bwyta'n iach.

Meddyliwch:
Beth allai ddigwydd yn y noson rhieni?

Un o'r syniadau yw bod y disgyblion yn paratoi taflen wybodaeth ar gyfer y rhieni.

Beth ydych chi'n ei gredu yw nod taflen o'r fath?

Wrth greu taflen o'r fath bydd angen ichi gofio:

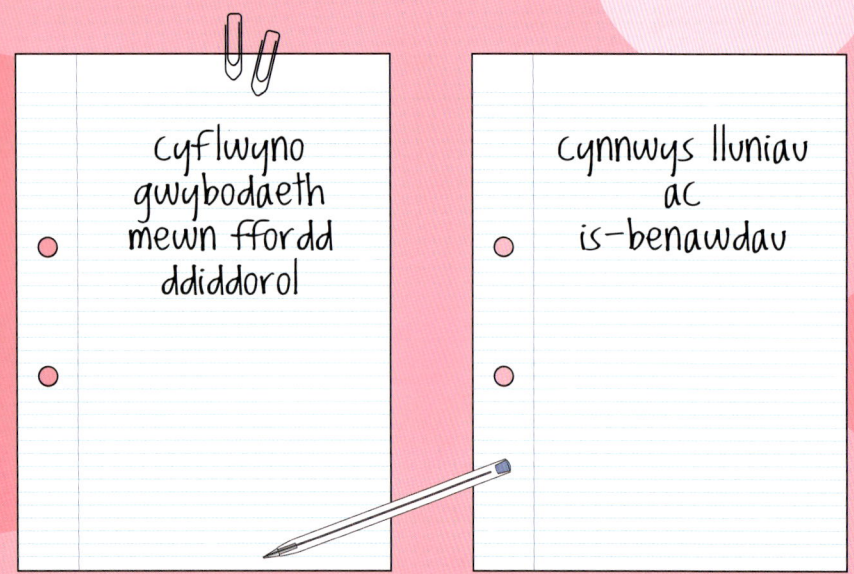

- cyflwyno gwybodaeth mewn ffordd ddiddorol
- cynnwys lluniau ac is-benawdau
- rhoi cyngor i rieni ar sut i wneud yn siwr bod eu plant yn bwyta'n iach

Geirfa ddefnyddiol ar gyfer y daflen:

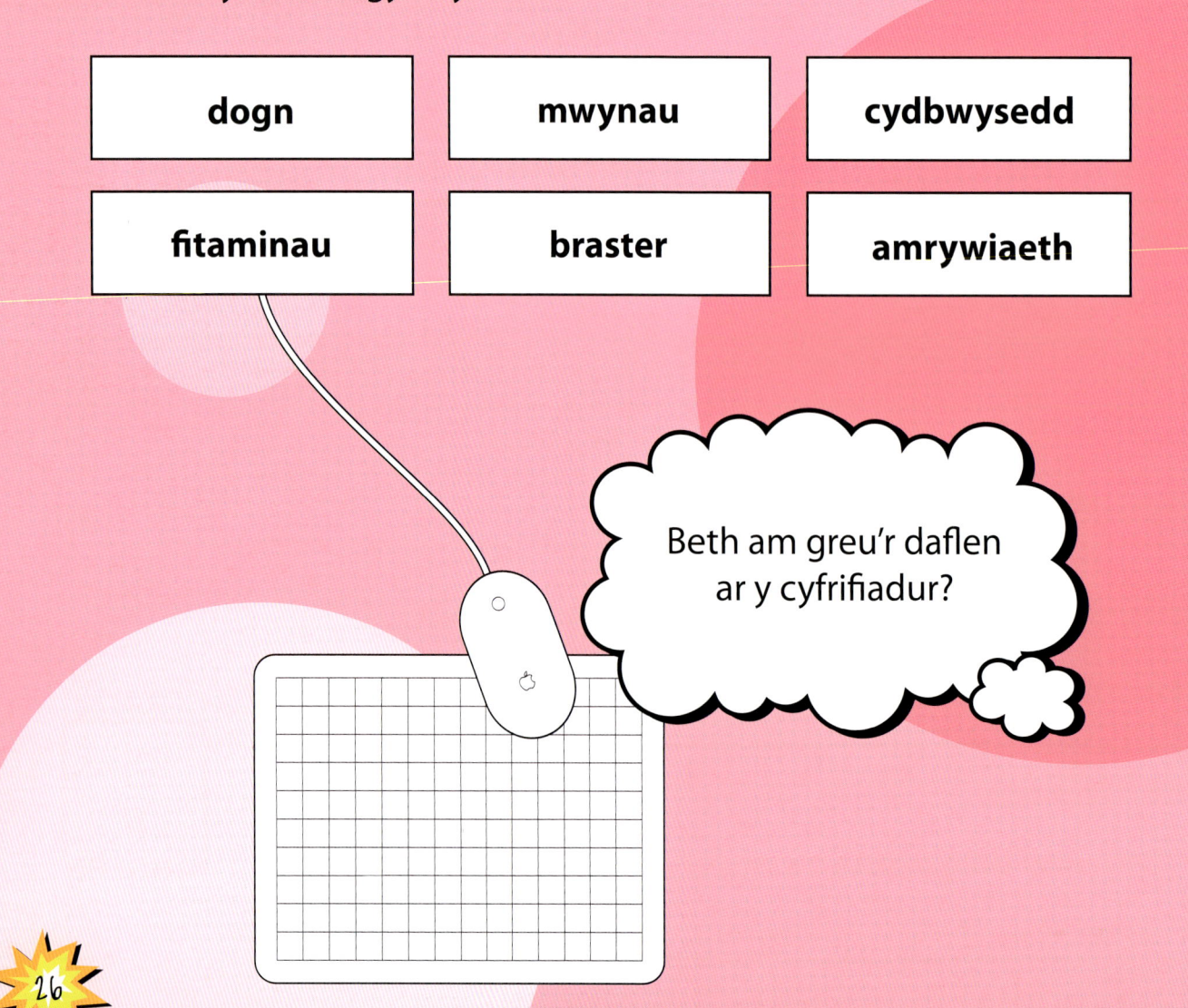

| dogn | mwynau | cydbwysedd |
| fitaminau | braster | amrywiaeth |

Beth am greu'r daflen ar y cyfrifiadur?

Dim

DIM

Dim ŵyn, mae'n wir, yn prancio,
dim ti, <u>friallen</u> fach;
dim lili wen yn mentro
drwy'r eira i'r awyr iach…

…Ond wedyn , dim gwaith cartref,
dim poen rhifyddeg pen;
dim darllen a dim deall,
dim cwmwl yn y nen.

Dim ysgol Sul, dim ysgol,
dim byd ond chwarae'n braf;
dim mynd i'r gwely'n gynnar,
mae'n wyliau – ac mae'n haf!

Dim gwersi canu'r piano,
dim chwarae 'scêls' di-ri…
a dyma pam rwy'n gwybod
mai Awst yw'r mis i mi!

Mererid Hopwood

Grwpiau Trafod

■ Pa dymor sydd yn cael ei ddisgrifio yn y pennill cyntaf? Pa gliwiau sydd yma?

Cliw 1 Cliw 2 Cliw 3

■ Sut ydyn ni'n gwybod ei bod hi'n wyliau haf ym mhenillion 2 a 3? Pa gliwiau sydd yma?

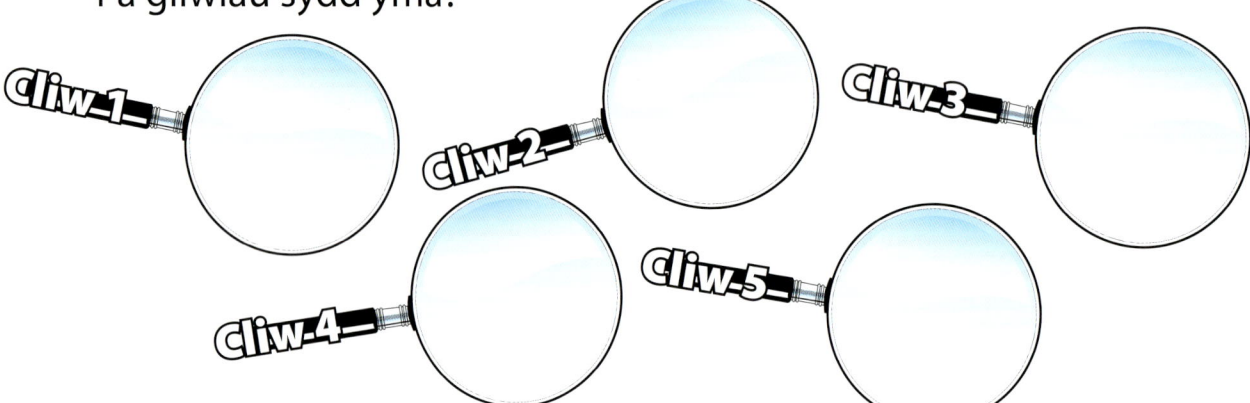

Cliw 1 Cliw 2 Cliw 3 Cliw 4 Cliw 5

■ Mae'r bardd yn sôn

"mai Awst yw'r mis i mi!"

Trafodwch

Ai mis Awst yw'ch hoff fis chi?

Pam hynny?

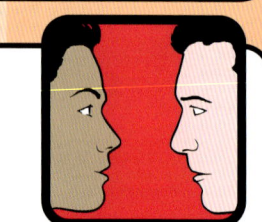

mis Awst			
Beth ydych chi fel arfer yn ei wneud ym mis Awst?	Beth yw'r tywydd arferol ym mis Awst? Beth ydych chi'n ei wisgo?	Beth ydych chi'n ei weld, ei glywed a'i arogli?	Sut ydych chi'n teimlo'n ystod mis Awst?
Pryd ydych chi'n codi ac yn mynd i'r gwely?		Gyda phwy ydych chi'n chwarae?	Oes digwyddiadau arbennig e.e sioe leol, neu garnifal?

Edrychwch ar y lluniau hyn o'r pedwar tymor:

Ysgrifennwch baragraff am bob llun.

Paragraff 1:

Tymor ………… yw tymor y ……………

Paragraff 2:

Mae'n adeg i …

Paragraff 3:

Gallaf weld …

Paragraff 4:

Teimlaf yn …

Dewiswch ddau o'r lluniau **sy'n wahanol** i'w gilydd ac ysgrifennwch baragraff yr un am y ddau lun.

Paragraff 1:

Yn wahanol i'r … mae tymor y … yn …

Paragraff 2:

Mae'r rhod wedi troi ac mae …

Edrychwch yn ofalus ar eich paragraffau disgrifio.

Cofiwch gynnwys y pethau hyn wrth ysgrifennu.

Prif lythyren ar ddechrau pob brawddeg ac i enwau pobl neu lefydd, er enghraifft, **C**ymru	
Atalnod llawn (.) ac atalnod (,) yn y paragraffau	
Brawddegau'n dechrau mewn gwahanol ffyrdd	
Gofalwch nad oes gormod o frawddegau'n dechrau gyda 'Mae'	
Ansoddeiriau i ddisgrifio'r pedwar tymor	
Gwnewch yn siwr nad oes geiriau Saesneg yn eich gwaith. Chwiliwch mewn geiriadur am y geiriau Cymraeg!	
Gwnewch yn siŵr bod treiglad meddal ar ôl 'o' ac 'i' er enghraifft, o **dd**efaid, i **f**ynd	

Darllenwch eich gwaith yn ofalus i wneud yn siŵr eich bod wedi cadw at yr uchod.

Llaw

LLAW

Rwyf finnau'n gallu estyn llaw
i gwrdd ag unrhyw un,
ac os oes pensil ynddi hi
rwy'n gallu tynnu llun.

Rwy'n gallu cydio'n dynn mewn sêt
wrth fynd ar reid mewn ffair,
a'i chodi hi i ddweud ffarwél
heb orfod siarad gair.

Rwy'n gallu canu'r nodau i gyd
ar biano, *do ray mi*.
Rwy'n gallu anfon neges fach
i ddweud, 'Fe'th garaf di'.

Rwy'n gallu cario <u>baich</u> fy mrawd,
a mynd i'r <u>maes</u> i <u>hau</u>,
ond 'all fy nwylo wneud dim byd
os yw <u>fy nwrn</u> ar gau.

Tudur Dylan Jones

---

baich = pwysau trwm
maes = cae
hau = plannu hadau
fy nwrn / dwrn = siâp llaw wedi cau (*fist*)

Grwpiau Trafod

- Mae'r bardd yn dweud bod dwylo'n medru gwneud llawer iawn o wahanol bethau.

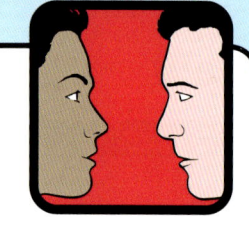

  Edrychwch ar y tri phennill cyntaf eto.

  Rhestrwch 5 o bethau y mae dwylo'r bardd yn medru eu gwneud.

- Beth ydych chi'n meddwl yw neges y pennill olaf?

- Ysgrifennwch frawddeg yr un yn cynnwys y geiriau hyn.

| llaw | dwylo | bysedd |
| dwrn | dwylaw | bawd |

Iaith

Edrychwch ar y geiriau hyn sydd yn y pennill olaf:

> Rwy'n gallu cario baich **fy mrawd**,
> a mynd i'r maes i hau,
> ond 'all **fy nwylo** wneud dim byd
> os yw **fy nwrn** ar gau.

Mae'r geiriau sydd yn dod ar ôl '**fy**' wedi treiglo:

brawd	**fy m**rawd
dwylo	**fy n**wylo
dwrn	**fy n**wrn

Treiglad trwynol yw'r treiglad hwn.

> Mae mwy o gymorth ar y treiglad trwynol ar dudalennau 10 ac 11.

Treiglad trwynol

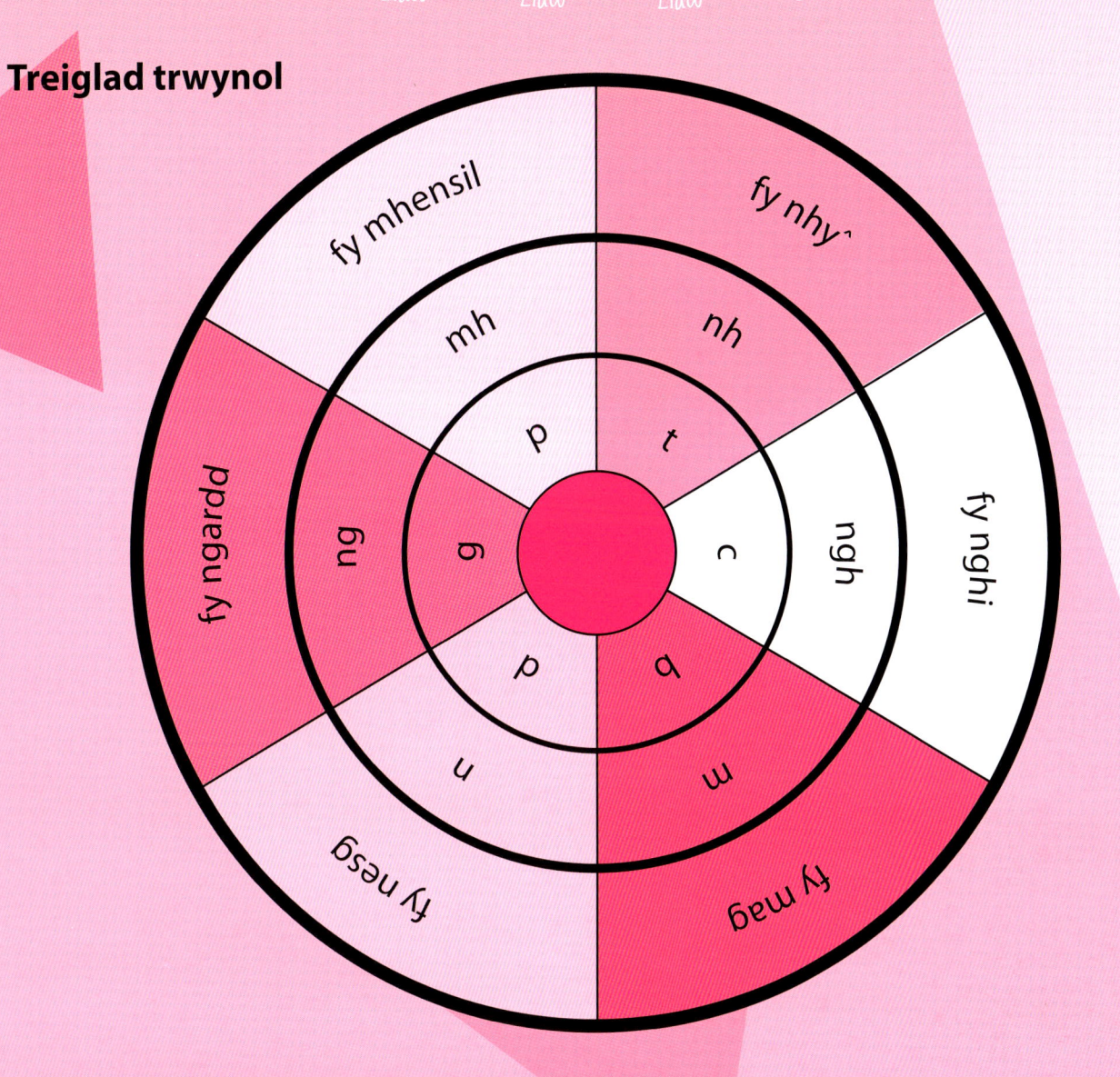

Ydych chi'n gallu treiglo'r geiriau hyn ar ôl '**fy**'?

1	bwyd	
2	cath	
3	teulu	
4	cot	
5	brawd	
6	gwallt	
7	pen	
8	diod	
9	cylchgrawn	
10	dosbarth	

Labelwch y llun (gan gofio treiglo!)

fy mhen

Ysgrifennwch baragraff yn disgrifio chi eich hun.

Cofiwch dreiglo ar ôl 'fy'.

Mewn Hen Gastell

Paratoi at y darllen

Cyn darllen y stori, trafodwch ystyr y geiriau hyn.

Byddwch yn dod ar draws pob un ohonynt yn y stori.

ellyll	penglog	arfwisg
hynafol	adfeilion	dadelfennu
tanddaearol	trechu	malais

Mae sawl ffordd o ddod o hyd i ystyr geiriau:

- ■ Trafod y gair gyda phartneriaid – oes rhywun arall yn gwybod ystyr y gair?

- ■ Ydych chi'n gwybod beth yw ystyr darn o'r gair e.e. tan**ddaear**ol?

- ■ Ydych chi wedi chwilio mewn geiriadur?

- ■ Mae darllen y gair mewn brawddeg bob amser yn help. Efallai y bydd y frawddeg o help ichi ddyfalu ystyr y gair.

- ■ Rydych chi'n dysgu llawer wrth ofyn hefyd – peidiwch â bod ofn gofyn. Dyfalwch yr ystyr ac yna gofynnwch i'ch athro neu athrawes.

Mewn Hen Gastell

Roedd Aasimar yn Ellyll Gwyn. Roedd ei wallt gwyn yn llifo dros ei ysgwyddau ac roedd ei lygaid aur yn tywynnu'n hardd. Roedd ei groen gwelw a'i glustiau main yn llyfn ac wedi eu tynnu dros ei benglog. Roedd ei arfwisg a'i darian emrallt yn pelydru dros y lle ac roedd ei gleddyf crisial yn tywynnu hefo golau gwyn, ond roedd e'n rhedeg, yn rhedeg oddi wrth y Blaidd-ddyn. Yna fe'i gwelodd.

Safai'r hen gastell yn syth o'i flaen. Roedd y muriau llwyd yn hynafol ac wedi chwalu a'r giât farw yn adfeilion. Roedd pennau tyrau y castell ar y llawr ac wedi malu'n deilchion a'r iard wedi dadelfennu. Roedd popeth yn dawel fel y bedd.

Roedd hi'n hanner nos ac roedd y lleuad llawn uwchben yn rhoi golau gwan ar y graig lle roedd y castell wedi sefydlu a gwneud cysgodion hir du arno…yr unig ffordd oedd i fewn!

Mentrodd Aasimar i fewn i'r castell yn ofalus gan edrych i fewn i bob cornel. Unwaith meddyliodd y gwelodd gysgod coblyn ond dim ond darn o garreg oedd. Yn sydyn clywodd lais y Blaidd-ddyn yn udo, "Lle wyt ti mistar ellyll!" a dyma ei galon yn dechrau curo mor gyflym meddyliodd y buasai yn neidio allan o'i groen. Trodd gornel ac yn syth o'i flaen roedd twnnel tanddaearol. Aeth Aasimar i lawr i'w grombil ond ar y diwedd fe welodd rhywbeth rhyfedd, carn cleddyf yn gwthio allan o'r wal!! Tynnodd y cleddyf allan o'r wal, cleddyf arian ydoedd! Yr unig beth oedd yn gallu trechu Blaidd-ddyn! Ond y foment honno llithrodd ar ddarn o garreg lac a tharo ei ben ar y llawr…daeth düwch drosto…

Rhyw dair awr yn ddiweddarach agorodd Aasimar ei lygaid dim ond i glywed arogl anadl blaidd. "Bore da, ellyll," sibrydodd y Blaidd-ddyn gyda malais yn ei lais, "dwi eisiau brecwast." Daeth crafanc y Blaidd-ddyn i lawr ond cyn iddo ddarganfod ei farc roliodd Aasimar i un ochr, cymryd y cleddyf yn ei law a'i wanu drwy stumog y Blaidd-ddyn.

"Melltith…," oedd geiriau olaf y Blaidd-ddyn wrth i'w fywyd annuwiol fynd i uffern. Rhoddodd Aasimar y cleddyf i mewn i'w wregys a cherdded i mewn i'r niwl ac yn ôl i'r goedwig lle roedd ei gartref.

Tomos Roblin

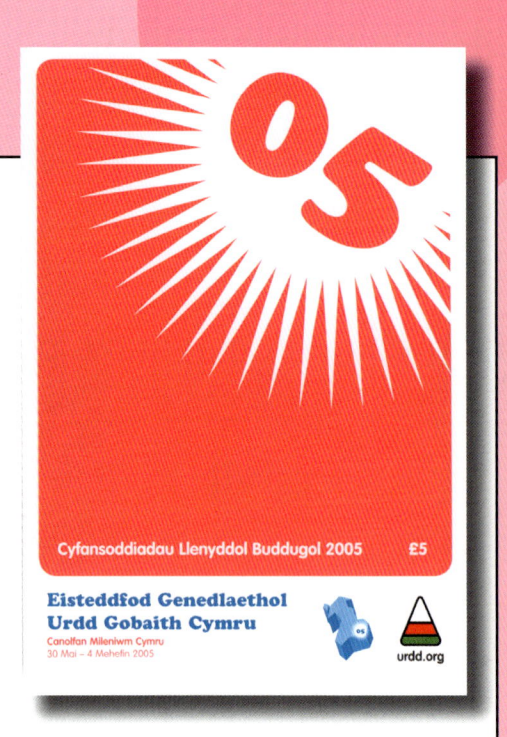

Grwpiau Trafod

1. Disgrifiwch Aasimar.

    Sut mae e'n edrych?

    Beth mae e'n ei gario?

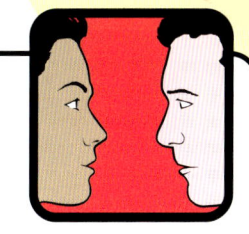

2. Sut ydych chi'n credu y mae'r Blaidd-ddyn yn edrych?

3. Pam aeth Aasimar i'r castell?

4. Beth ddigwyddodd yn y twnnel tanddaearol?

5. Ydych chi'n hoffi'r ffordd y mae'r stori'n gorffen? Pam?

Iaith

Edrychwch ar y berfau hyn:

Mae '**roedd**' yn un ffurf o ddweud beth sydd wedi digwydd yn y gorffennol. Beth sy'n debyg rhwng y berfau hyn?

llithrodd   **mentrodd**   **meddyliodd**

Trowch y berfau hyn yn ferfau '**odd**'.

meddwl	+	odd	meddyliodd
yfed	+	odd	
rhedeg			
cerdded			
clywed			
gweld			
bloeddio			
dychryn			

Mae mwy o gymorth ar ferfau ar dudalennau 8 a 9.

ydych chi'n credu bod Aasimar yn rhedeg oddi wrth y Blaidd-ddyn?

Beth sydd wedi digwydd?

Ewch ati i ysgrifennu paragraff cyntaf y stori.

Pwy yw Aasimar a pham mae e'n cario cleddyf ac yn gwisgo arfwisg?	Pam mae e'n rhedeg oddi wrth y Blaidd-ddyn?
Pwy yw'r Blaidd-ddyn a sut olwg sydd arno?	Pam mae'r Blaidd-ddyn yn casáu Aasimar?

Gwnewch yn siwr bod berfau'r stori'n gywir.

Berfau

Llenwch goesau'r pry cop.

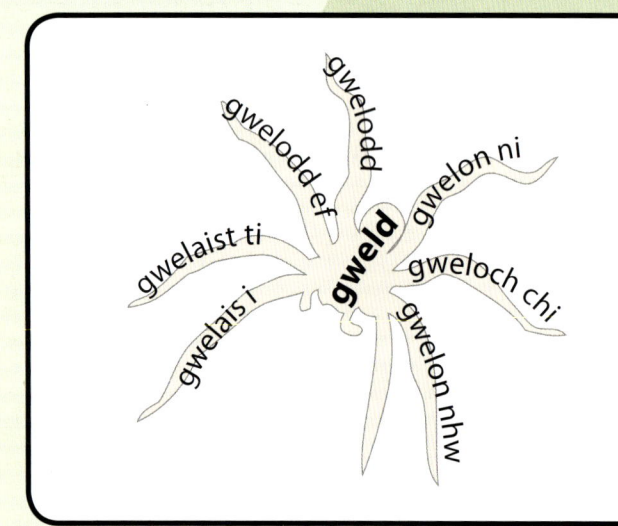

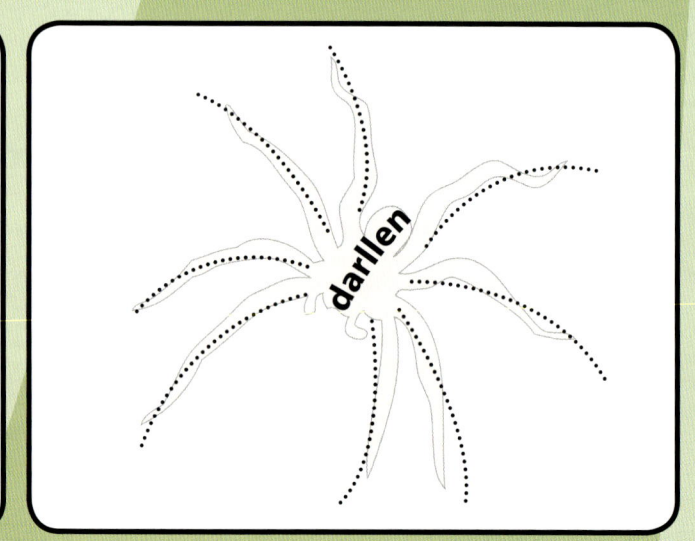

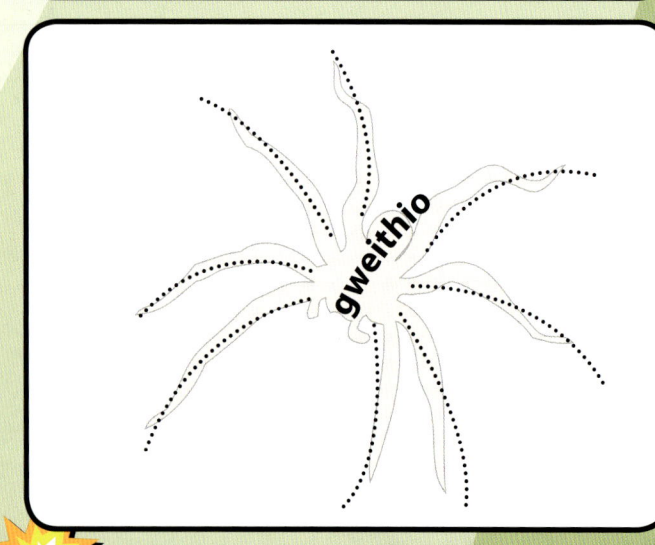

gweld: gwelais i, gwelaist ti, gwelodd ef, gwelodd, gwelon ni, gweloch chi, gwelon nhw

darllen

gweithio

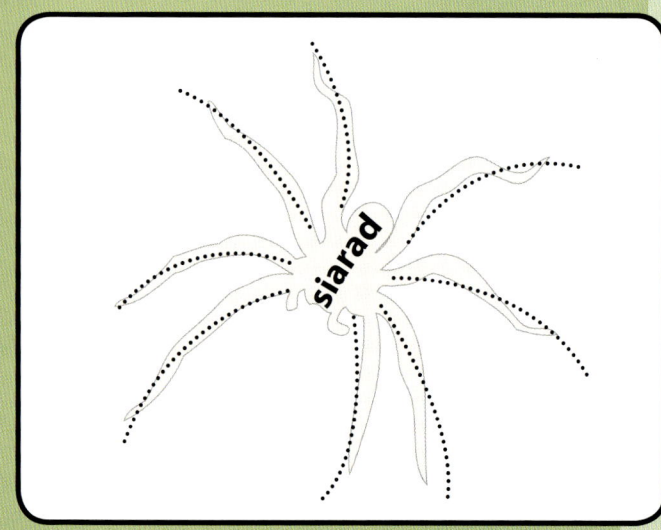

siarad

Berfau

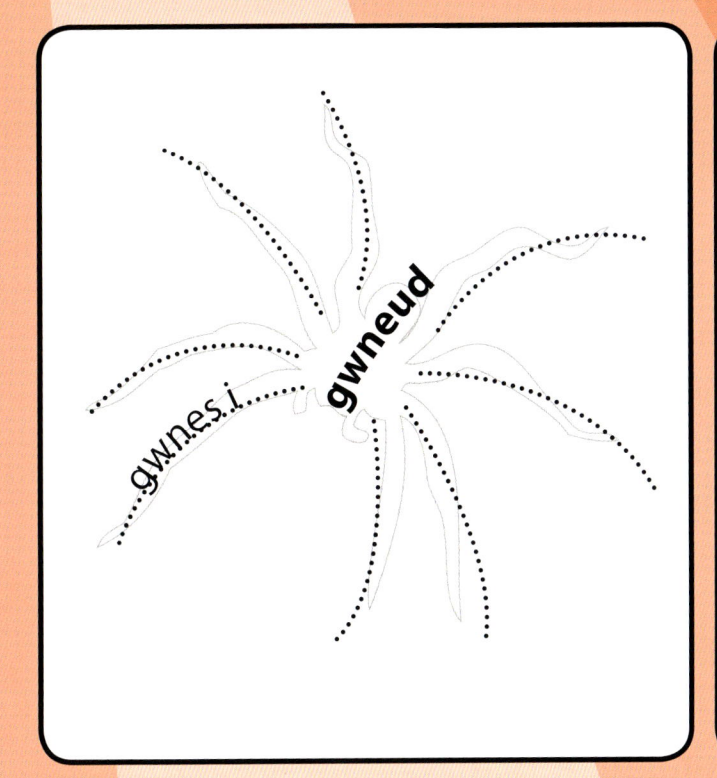

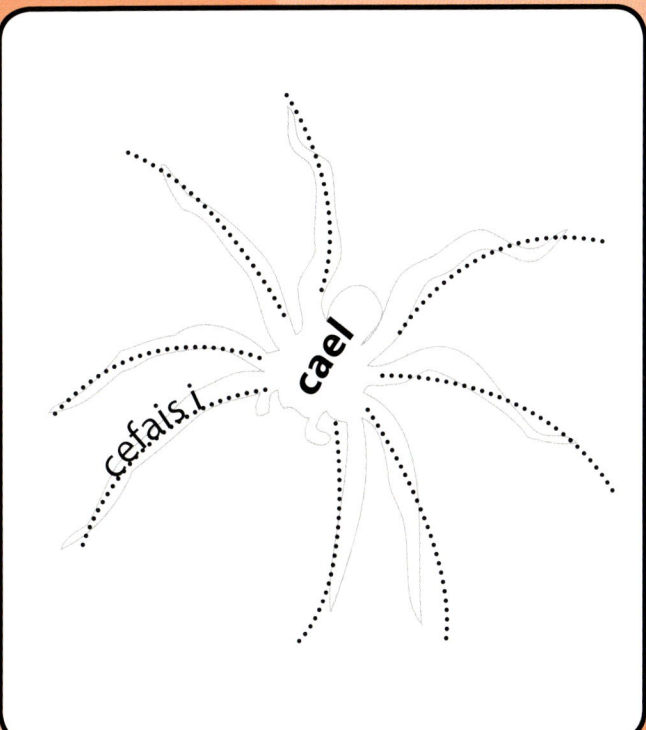

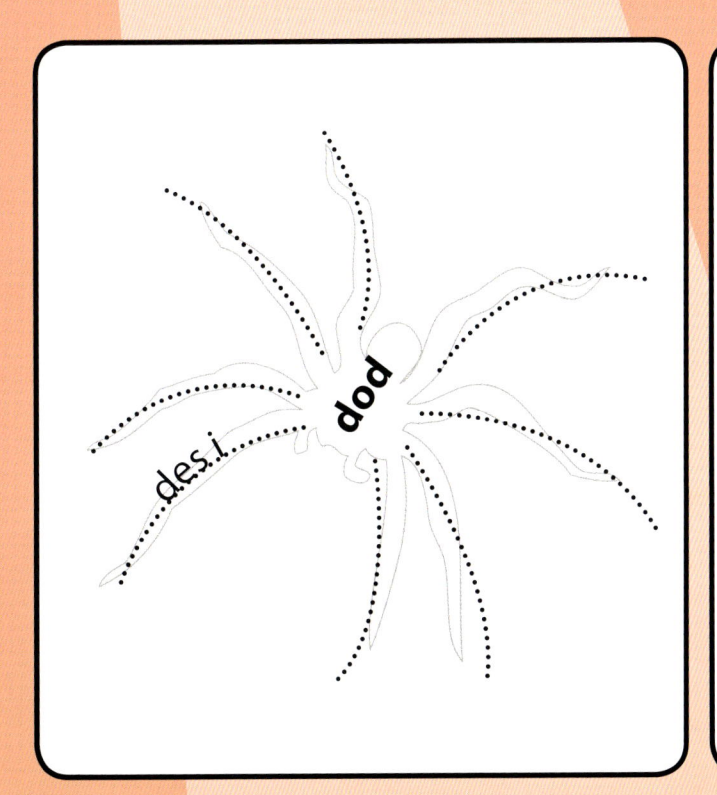

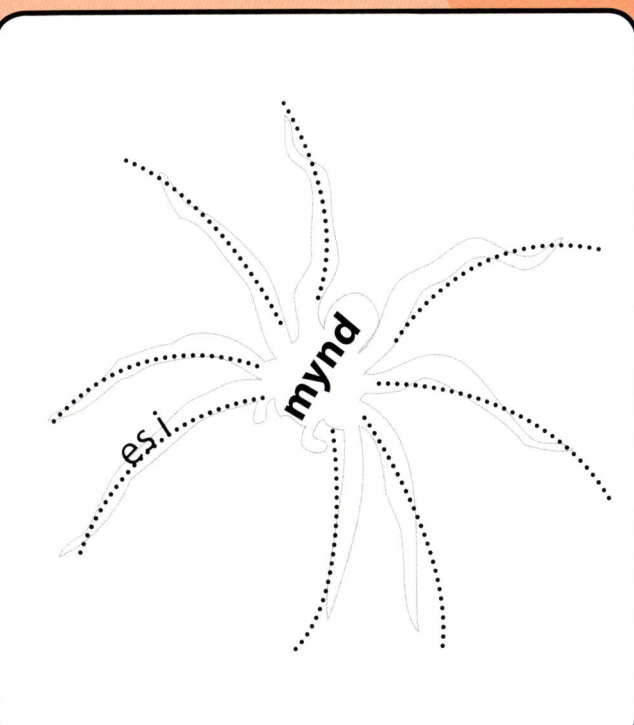

gwnes i — gwneud

cefais i — cael

des i — dod

es i — mynd

Rysáit

Cynhwysion

- 250g blawd codi
- hanner llwy de o bowdr pobi
- pinsiad o sbeis
- pinsiad o halen
- 130g menyn
- 100g siwgr mân
- syltanas
- wy wedi ei guro
- mymryn o laeth

Dull

1. Mewn powlen, cymysgwch y blawd, y powdr pobi, y sbeis a'r halen.
2. Ychwanegwch y menyn, wedi ei dorri'n fân, a rhwbiwch y gymysgedd rhwng eich dwylo nes ei fod yn edrych fel briwsion.
3. Ychwanegwch y syltanas a'r siwgr, yna defnyddiwch lwy bren i gymysgu'r wy i'r gymysgedd. Defnyddiwch fymryn o laeth i wneud yn siŵr bod y cyfan yn glynu at ei gilydd.
4. Rhowch ychydig o flawd ar y bwrdd, a rholiwch y gymysgedd nes ei fod tua 1cm o drwch. Defnyddiwch dorrwr crwst i dorri'r cacenni cri.
5. Nawr rhaid cael help oedolyn. Mae angen coginio'r cacenni mewn padell ffrio drom am dair munud bob ochr, dros wres isel.
6. <u>Ysgeintiwch</u> siwgr dros y cacenni cri a'u gweini. Mmm!

Iaith

Dyma un ferf sydd yn y rystáit: **Cymysgwch**

Pa ferfau eraill yn y rysáit sydd yn gorffen gyda '**-wch**'?

Trowch y berfau hyn yn ferfau '**-wch**'

cymysgu	+	wch	cymysgwch
troi	+	wch	
rhoi	+	wch	
coginio	+	wch	
defnyddio	+	wch	
ychwanegu	+	wch	
arllwys	+	wch	

Rydym yn galw berfau '**-wch**' yn ferfau gorchmynnol.

Mae cogydd enwog yn y gegin yn creu rysáit newydd. Mae'n gwneud nodiadau wrth arbrofi!

Edrychwch ar y pwyntiau bwled hyn. Ysgrifennwch y rysáit. Cofiwch fod angen:

- cynhwysion
- dull

3 llwy fwrdd olew, 1 winwnsyn/nionyn, tun tomatos, halen a phupur, 4 myffin, caws wedi gratio, 8 madarchen, 2 sleisen ham

- winwnsyn mewn sosban a'i goginio
- rhoi'r tomatos mewn wedyn
- coginio am 10 munud
- halen a phupur mewn i'r sosban
- torri'r myffin yn ei hanner
- rhoi'r saws tomato ar bob hanner
- caws hefyd ar bob hanner
- madarch a ham ar ben y cyfan
- coginio am 5 munud

Meddyliwch am enw addas i'r pryd bwyd.

Ymwelydd i De

Mae Begw yn byw gyda'i mam a'r teulu mewn bwthyn yn y pentref. Mae mam Winni wedi marw, ac mae ei thad wedi ailbriodi Lisi Jên. Maent wedi cael mab o'r enw Sionyn. Mewn bwthyn ar ben y mynydd y mae Winni'n byw, ac nid yw'n gweld llawer o bobl. Weithiau, mae Winni'n medru bod braidd yn wyllt. Mae Begw eisiau bod yn ffrindiau gyda Winni, ac wedi ei gwahodd adre i gael te.

YMWELYDD I DE

Y diwrnod wedyn, roedd Begw'n poeni drwy'r dydd rhag ofn i'w mam newid ei meddwl. Ond doedd dim raid iddi boeni, roedd ei mam yn rhoi lliain ar y bwrdd ac wedi dechrau gwneud crempog. Fel oedd y cloc mawr yn dechrau taro tri, daeth sŵn clocsiau wrth y drws.

'Dowch i mewn, Winni,' meddai mam Begw yn groesawus.
Er bod wyneb Winni yn reit lân ac yn disgleirio, roedd y croen glân yn gorffen dan ei gên. Gwisgai yr un dillad â'r rhai oedd ganddi ar y mynydd, ond bod ei brat yn wahanol.

'Dew, mae gynnoch chi le glân yma,' meddai Winni, 'mae'n tŷ ni fel stabal!'

'Dewch at y bwrdd,' meddai mam Begw.

'Mae gynnoch chi jeli eto,' meddai Wini, 'mae'n braf arnoch chi'n cael te parti bob dydd.'

'Twt, dydi o'n ddim byd ond dŵr â lliw ynddo fo,' meddai mam Begw.

'Dydw i ddim wedi cael crempog ers pan oedd mam yn fyw. Dydi Lisi Jên byth yn gwneud crempog,' meddai Winni.

'Pwy ydi Lisi Jên?' gofynnodd mam Begw.

'Gwraig fy nhad. Ond dydi hi ddim yn fam i mi. Mi fasa gen i gywilydd bod yn perthyn iddi,' meddai Winni, 'Hen gnawes ydi hi...'
Dechreuodd Begw grynu wrth glywed Winni'n dechrau rhegi.

'Dydi hi ddim yn gadael i mi llnau, mae cwt mochyn yn lanach na'r tŷ! O mae'r crempogau yma'n dda.'

'Cymerwch ragor,' meddai mam Begw, gan estyn crempog arall iddi. Mae hi wedi bwyta naw yn barod, meddyliodd Begw!

'Ac mae nhad yn rêl lembo. Mae o wedi gwirioni efo Lisi Jên,' meddai Winni, yn cymryd crempog arall. 'Dydi Lisi Jên ddim yn codi i wneud brecwast iddo fo cyn iddo fynd i'r chwarel. Mi fyddai Mam yn codi bob bore nes iddi hi fynd yn sâl.'

Mae'r Winni yma'n wahanol i'r un oedd ar y mynyddd. Does dim golwg dawnsio arni heddiw, meddyliodd Begw.

'Fedrwch chi ddim dŵad i'r capel weithiau?' gofynnodd mam Begw.
'Does gen i ddim dillad, a does gen i ddim mynadd hefo'r crach sy'n mynd i'r capel,' meddai Winni.

'Pa bryd y byddwch chi'n gadael yr ysgol, Winni?' gofynnodd mam Begw.
'Pan fydda i'n dair-ar-ddeg cyn y Nadolig,' meddai Winni. 'Dwi am fynd i weini yn ddigon pell, i Lundain. Rydw i'n gwybod beth fasa'n digwydd petaswn i'n mynd i weini yn nes adref. Mi fasa nhad yn dŵad i chwilio amdana i ac yn dwyn fy mhres i i gyd er mwyn iddo fo gael pres cwrw.'
'Ond hwyrach y bydd hiraeth arnoch chi ar ôl i chi fynd i Lundain,' meddai Begw.
Roedd Winni yn ddistaw am eiliad.
'Mi fasa gen i hiraeth ar ôl un. Am Sionyn, y babi welaist ti ddoe,' meddai, 'er ei fod yn fudr o'i ben i'w draed.'
'Mae'n rhaid i chi fynnu eich bod chi'n cael golchi ei ddillad,' meddai mam Begw. 'A golchi eich dillad eich hun hefyd. Pam nad ewch chi ag un neu ddwy o grempogau i Sionyn?'
'Alla i ddim,' meddai Winni, 'neu mi ga'i gweir gan Lisi Jên am hel tai'.

Cyn i neb gael cyfle i ddweud dim byd arall, clywodd y tair ohonyn nhw sŵn traed wrth y drws. Yna, heb guro ar y drws na dim, camodd Lisi Jên i mewn i'r tŷ, gyda Sionyn yn ei dilyn. Edrychodd o'i chwmpas am eiliad ac yna dechreuodd weiddi.
'Fan'ma rwyt ti, yr hen gnawes fach. Yn hel dy fol. A finnau heb neb i edrych ar ôl y plentyn bach yma. Tyrd adref y munud 'ma!'
'Eisteddwch,' meddai mam Begw yn ddistaw, gan godi a gafael ym mraich

Lisi Jên a'i harwain hi i gyfeiriad y gadair freichiau. 'Mi gewch chi baned o de a chrempog. Mae 'na de ffres yn y tebot.'

Aeth Lisi Jên fel oen i eistedd yn y gadair.

'Winni,' meddai Sionyn, gan redeg at ei chwaer ac eistedd ar ei glin.

Ond, wrth iddyn nhw fwyta, roedd yr awyrgylch yn hollol wahanol, a phawb ond Sionyn yn edrych yn ddifrifol. Wedi iddyn nhw orffen bwyta, cododd pawb.

'Diolch i chi,' meddai Lisi Jên yn ddigon swta.

Y cyfan a ddywedodd Winni, wrth iddi fynd allan trwy'r drws oedd:

'Diolch yn fawr i chi, Elin Gruffydd. Dyna'r pryd gorau ges i rioed.'

Ar ôl i Winni fynd bu Begw yn meddwl. Nid yr un Winni oedd y Winni yn y tŷ a'r Winni ar y mynydd.

'Oeddech chi'n licio Winni, Mam?'

'Oeddwn, mae hi'n hogan iawn tasai hi'n cael chwarae teg,' meddai mam Begw. 'Ond mae hi'n siwr o fedru edrych ar ôl ei hun ryw ddiwrnod.'

'Ac ar ôl Sionyn, ynte Mam,' meddai Begw.

'Ia.'

'Hwyrach y gwnaiff Duw edrych ar eu hôl nhw,' meddai Begw.

'Hwyrach,' meddai ei mam.

Ond yr hyn oedd yn bwysig i Begw oedd bod ei mam yn hoffi Winni. Doedd hi ddim wedi gwneud camgymeriad wrth ofyn i Winni ddŵad i de.

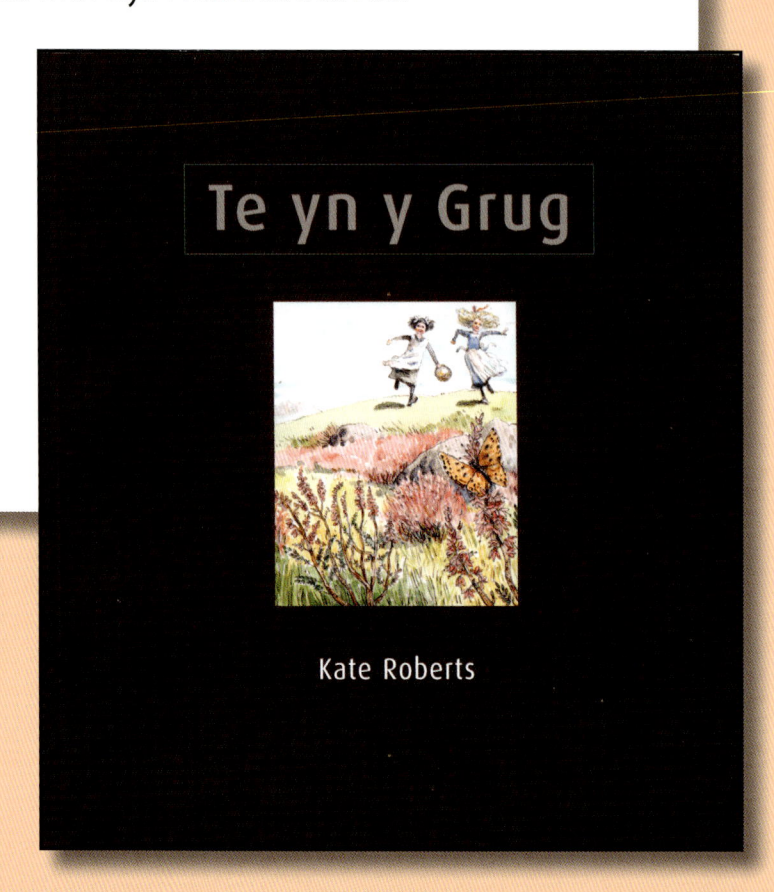

Te yn y Grug

Kate Roberts

Grwpiau Trafod

1. Pa fath o ferch yw Winni?
2. Pa fath o ferch yw Begw?
3. Pa fath o berson yw mam Begw?

| Mae hi'n … | Cymeriad … yw | Nid yw'n hoffi … |

Iaith

Mae Winni'n lân yn dod i gael te, ond ar y mynydd roedd hi'n fudr. Edrychwch ar yr ansoddeiriau hyn a chysylltwch y rhai sydd yn wahanol i'w gilydd.

tebyg	swnllyd
pell	isel
tawel	llawen
caredig	tlawd
uchel	gwahanol
trist	gwag
llawn	creulon
cyfoethog	agos

Mae ansoddeiriau yn treiglo'n feddal ar ôl 'yn'.

Mae pawb yn wahanol i'w gilydd. Edrychwch ar y ddau lun yma. Ydych chi'n credu eu bod nhw'n wahanol? Sut?

Mae mwy o gymorth ar dudalennau 13 ac 14.

Ysgrifennwch baragraff i ddisgrifio'r ddau hyn.

Defnyddiwch ansoddeiriau a chymariaethau yn eich gwaith. Darllenwch yr enghraifft hon cyn ichi ddechrau ysgrifennu.

Dyma fachgen llawn egni! Mae e wrth ei fodd yn chwarae pêl-droed. Mae e'n taclo'n galed er mwyn ennill y bêl. Gwibia'n gyflym fel awyren er mwyn ceisio sgorio gôl. Mae'r bêl yn pasio'n igam ogam ar draws y cae o droed un chwaraewr i'r llall. Mae fel bod magnedau wrth draed y chwaraewyr! Edrycha un o'r chwaraewyr ar y gôl a chicio'r bêl. Saetha'r bêl fel bwled i gefn y rhwyd. Gôl! Dyma fachgen sydd mor hapus â'r gog!

Er bod pobl yn wahanol o'r tu allan, maen nhw'n medru bod yr un peth ar y tu mewn.

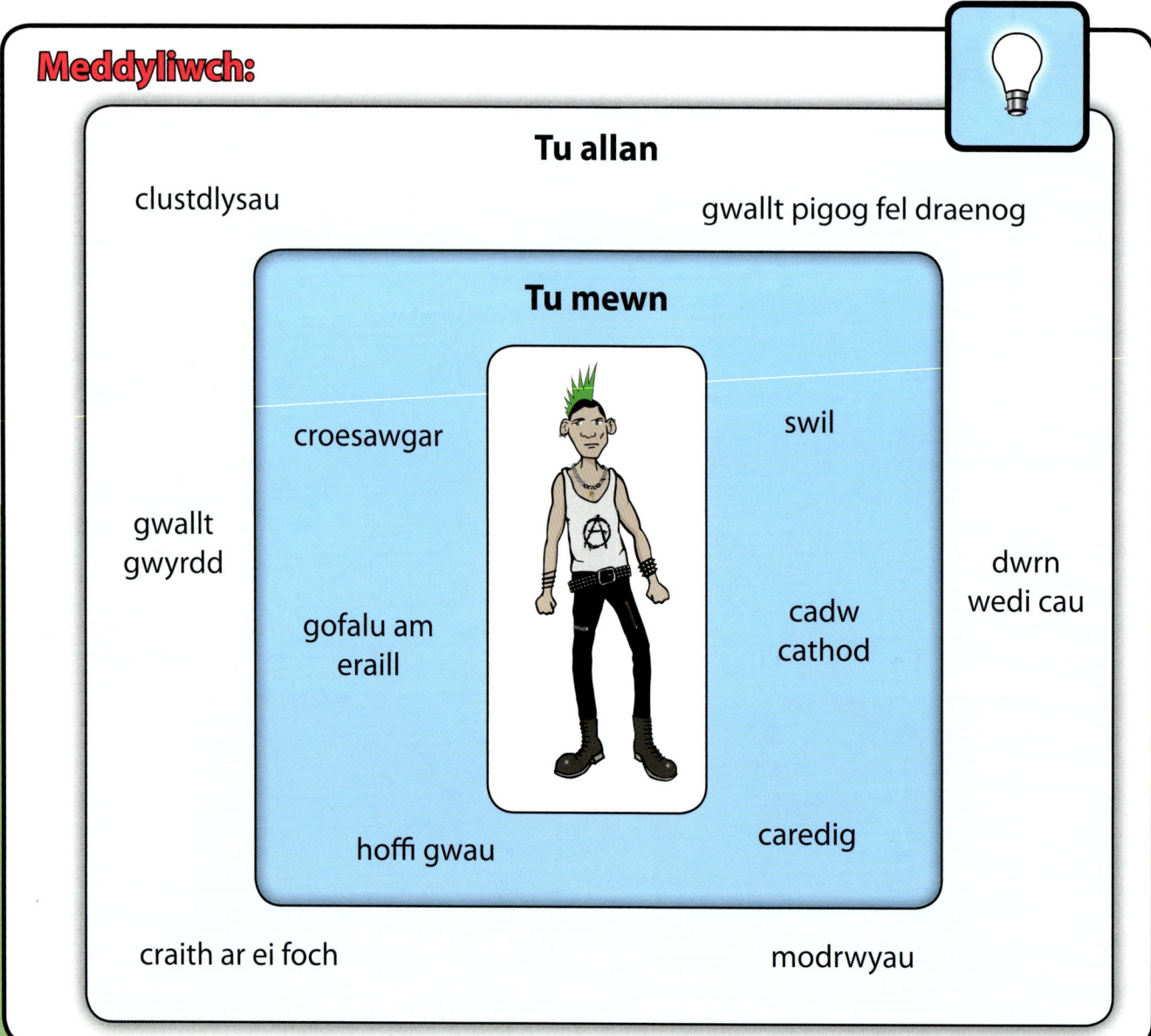

Meddyliwch:

Tu allan

clustdlysau

gwallt pigog fel draenog

Tu mewn

croesawgar

swil

gwallt gwyrdd

dwrn wedi cau

gofalu am eraill

cadw cathod

hoffi gwau

caredig

craith ar ei foch

modrwyau

Ysgrifennwch stori am bobl sydd yn wahanol i'w gilydd.
Mae'n bwysig iawn cynllunio stori'n ofalus cyn dechrau ysgrifennu.
Dydy adeiladwr byth yn adeiladu wal heb wybod ble mae'r wal i fod mynd.
Ddylai awdur ddim ysgrifennu stori heb wybod beth sydd yn digwydd ynddi!

CYNLLUNIO STORI

Pwy yw'r cymeriadau a sut maen nhw'n wahanol i'w gilydd?

Enw:

Enw:

Edrychiad:

Edrychiad:

Personoliaeth:

Personoliaeth:

Sut mae'r ddau berson yn adnabod ei gilydd?

Ble mae'r stori'n digwydd?

Sut mae'r stori'n dechrau?

Digwyddiadau

| Digwyddiad 1 | ➡ | Digwyddiad 2 | ➡ | Digwyddiad 3 |

Beth sy'n digwydd ar ddiwedd y stori?

Eco

Mae Blodyn Haf yn ferch i Helygain. Mae Helygain yn credu'n gryf mewn gwneud pob dim i fod yn wyrdd ac yn garedig i'r amgylchedd. Hyd yn hyn maen nhw wedi bod yn byw mewn carafan, ond nawr mae Helygain, ei chariad hi, a Blodyn Haf yn adeiladu tŷ eco.

Paratoi at y darllen Mae'r geiriau hyn yn y stori. Beth yw eu hystyr?

- byrnau
- cnuf / cnufiau
- prowla

Doedd yr hen garafan ddim yn ddrwg o gwbl; roedd Helygain a finnau wedi byw mewn rhai llawer hŷn – a gwaeth. Ond hen bethau tamp, afiach ydi carafanau, yn medru siglo'n simsan o ochr i ochr pan fydd hi'n codi'n wynt. Roedd hi'n iawn drwy ddiwedd y gwanwyn a dechrau'r haf, ond doedden ni byth wedi cael cychwyn ar y tŷ.

'Beth os na chawn ni ganiatâd cynllunio?' holais yn ofnus.

'Croesi'n bysedd!' meddai Helygain.

Doedden ni byth yn mynd heibio sgip heb edrych oedd ynddi rywbeth oedden ni ei eisio. Gawson ni ddrysau, ffenestri a sinc allan o sgipiau.

Aeth cariad Helygain i'r dymp a chael bath â'r tapiau arno fo'n barod. Welodd rhywun arall doiled wedi cael ei luchio dros ben wal i gae. Dywedodd y byddai'n gofyn i bawb chwilio am sedd iddo, un bren os yn bosib.

'Beth am waliau?' holodd rhywun.
'Byrnau o'r fferm. Am ddim,' eglurodd Helygain yn frwdfrydig.

'Lwcus iawn!'

'Rhai llynedd ydyn nhw. Wedi eu difetha gan y glaw. Yn dda i ddim ar gyfer anifeiliaid.'

'Ond yn iawn ar gyfer be wyt ti eisio?'

'Ardderchog! Yn gadarn ac yn drwchus. Cadw'r lle yn gynnes hefyd. Ddim angen dim byd gwell.'

'To?'

'Coed a llechi o hen sgubor mae ffrind i'r ffermwr yn ei thynnu i lawr i wneud lle i sièd fodern. Ac roedd yna amryw o ffermwyr yn falch o gael gwared â chnufiau gwlân rhy wael neu rhy fudr i'w hanfon i'r ffatri. Fyddan nhw'n ardderchog i'w rhoi o dan y to i gadw'r gwres i mewn.'

Wedi i Helygain fod yn pori drwy golofnau Ar Werth y papur lleol bob wythnos am hydoedd, roedd gynnon ni stof llosgi, un ail-law, fyddai'n cynhesu'r lle i gyd.

Daeth y caniatâd adeiladu ddechrau mis Awst. Roedd popeth yn barod erbyn gŵyl y banc. Ar y dydd Gwener roedd yna ddau ddeg saith o bobl yn helpu i godi ein tŷ ni. Gyfrais i nhw wrth eu gwylio'n gweithio. Erbyn dydd Sadwrn roedd yno dri deg chwech. Pawb wedi dod i wersylla. Ffrindiau Helygain a fi oedd llawer ohonyn nhw, ond roedd yno bobl nad oedden ni erioed wedi eu gweld o'r blaen. Wedi clywed sut dŷ oedd o i fod, ac eisio gweld y sylfaen yn arbennig.

Heidiodd gohebwyr papur newydd a chyflwynwyr teledu yno. Dyna lle roedden nhw'n prowla o gwmpas y lle, yn holi ac yn stilio, wedi rhyfeddu.

'Defnyddio hen deiars i godi'r tŷ arnyn nhw!'

'Popeth o'r ffenestri i'r sinc wedi eu hailgylchu.'

'Paneli i ddefnyddio ynni'r haul!'

'Cyflenwad trydan i'r adeilad o'r afon gerllaw.'

'Dim ond ichi ddefnyddio synnwyr cyffredin, synnwyr y fawd a dychymyg, does yna ddim problem ynghylch codi unrhyw adeilad drwy ailgylchu defnyddiau,' mynnodd Helygain. 'Ges i ddigon o help gan lawer o ffrindiau, a daethon nhw draw i drin a thrafod y gwaith yn fanwl cyn inni gychwyn.'

Erbyn dydd Sul roedd y waliau a'r to yn eu lle, y waliau i gyd wedi eu plastro â phwti calch, a'r lle gwag o dan y to wedi ei lenwi â gwlân i gadw'r gwres i mewn.

Edrychai'r tŷ yn ddigon o ryfeddod. Cegin. Ystafell fyw. Ystafell molchi. Tair llofft.

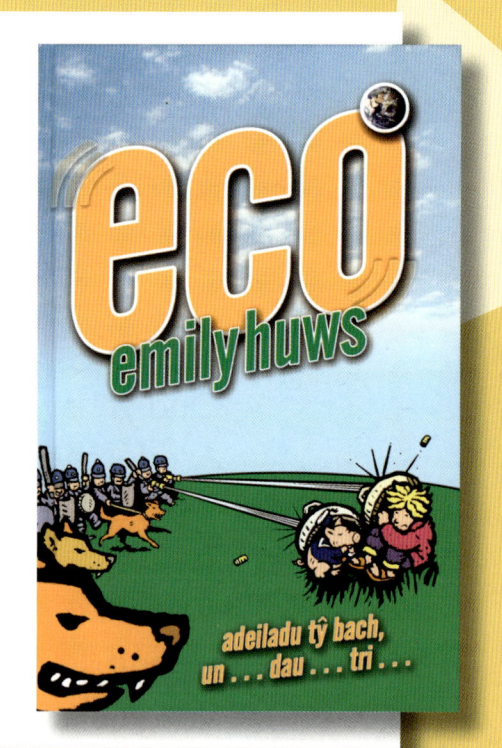

Grwpiau Trafod

1. Pa bethau sydd yn cael eu hailgylchu ar gyfer y tŷ newydd?
2. Sut mae'r tŷ hwn yn wahanol i dŷ cyffredin?
3. Fyddech chi'n hoffi byw mewn tŷ fel hwn? Pam?

Cymharu tŷ Blodyn Haf â'ch cartref chi

Cartref Blodyn Haf		Eich cartref chi
	to	
	waliau	
	gwres	
	trydan	

Pentref Eco

pentref eco

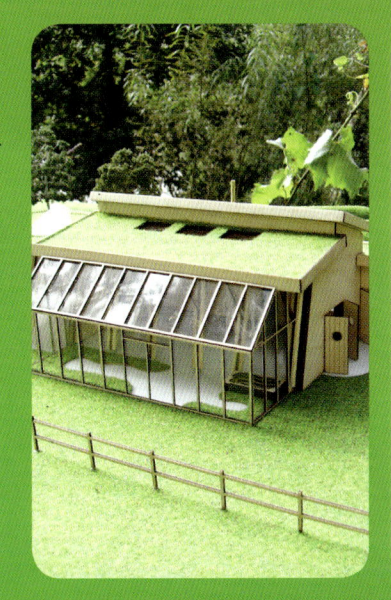

Dewch i weld y pentref eco newydd yn cael ei adeiladu yn Sir Benfro.

Mae'r pentref yn cael ei adeiladu ar gaeau yn ardal y Preseli.

Mae cyfle i 50 o deuluoedd ddod i fyw yn y pentref. Byddant yn byw mewn tai sydd wedi cael eu hadeiladu o bren a llechi lleol. Bydd y welydd wedi eu gwneud o fyrnau gwair ac wedi eu plastro gan ddefnyddio calch o'r fferm. Bydd gwlân defaid yn cael ei osod rhwng y gwair a'r plastar er mwyn cadw'r lle yn gynnes. Bydd tân agored ar gyfer coginio. Toiled compost sydd i'r tai.

Bydd gardd fawr iawn yng nghanol y pentref a hynny ar gyfer defnydd pawb. Bydd pobl yn medru tyfu eu ffrwythau a'u llysiau yno. Bydd cwt ieir hefyd yn y pentref er mwyn cael wyau, a sawl buwch er mwyn cael llaeth. Y nod yw osgoi prynu fawr ddim o'r tu allan, a dibynnu ar y pethau y byddwn ni'n eu cynhyrchu yma.

Fydd dim ceir yn cael dod i'r pentref, ac ni fydd neb sy'n byw yma yn cael cadw car. Bydd bws mini yn y pentref at ddefnydd pawb, a bydd y bws yn teithio i'r dref tua dwywaith yr wythnos os oes angen i bobl fynd yno.

Bydd neuadd fawr ar sgwâr y pentref a chyfle i gwrdd yno bob nos i fwynhau cwmni ein gilydd; gan wneud crochenwaith, dawnsio, canu a bwyta gyda'n gilydd. Fydd dim teledu na *Playstations*, dim ond awyr iach a bywyd syml. Bydd y pentref yn gyfle i bobl fwynhau byw yn hamddenol ac yn iach. Dewch atom i fyw – bydd bywyd yn bleser!

51

Edrychwch ar y daflen ffeithiol am y pentref eco.

Yna, atebwch y cwestiynau hyn:

1. Beth sydd yn cael ei ddefnyddio i adeiladu'r tai?
2. Beth fydd pobl yn ei wneud am fwyd?
3. Sut fydd pobl yn cymdeithasu yn y pentref newydd?
4. A fyddech chi'n hoffi byw yn y pentref hwn? Pam?

Rydych chi'n gweithio i'r papur newydd lleol yn Sir Benfro.

Ewch ati i greu erthygl papur newydd am y pentref eco newydd sydd yn yr ardal.

Bydd rhaid i chi ymweld â'r pentref eco newydd er mwyn gweld beth yn union sydd yno a siarad gyda'r bobl sydd newydd symud i'r pentref.

Ewch â'ch llyfr nodiadau gyda chi.

Beth ydych chi'n ei weld?

Pa gwestiynau fyddwch chi am eu gofyn i'r bobl sydd newydd symud yno?
A fyddwch chi eisiau gofyn cwestiynau gwahanol i'r bobl ac i'r plant?

Bydd rhaid ysgrifennu'r erthygl ar ôl cyrraedd nôl i'r swyddfa.
Cofiwch osod yr erthygl fel hyn:

Enw'r Papur Newydd

Pris

Dyddiad

Pennawd

Is-bennawd

Is-bennawd

Llun gohebydd

Beth am ddefnyddio'r rhain yn eich erthygl chi?

Cefais gyfle arbennig i ymweld â …

Roedd hi'n ddiddorol iawn sylwi ar …

Gwelais nifer o …

Cefais sgwrs â …

Roedden nhw'n gweld y pentref fel cyfle i …

Gorffennwch eich erthygl. Rhowch yr erthygl i'ch partner i'w darllen.

Gofynnwch i'ch partner lenwi'r grind yma.

Mae pennawd a dwy golofn i'r erthygl	
Mae mwy nag un paragraff i'r erthygl	
Mae Prif Lythyren i enwau pobl a llefydd	
Mae " " pan mae pobl yn siarad	
Mae treiglad meddal ar ôl 'i' ac 'o' e.e. i fyw, o goed	

Eira

Eira!

Stori: Hefin Jones
Llun: Siôn Morris

Tynnodd Tomos y cwilt yn gysglyd. Gallai weld drwy'r llenni mai dim ond dechrau ennill y dydd oedd y goleuni.

Dydd Mercher meddyliodd. Diwrnod y prawf sillafu Saesneg. Methai Tomos ddeall sut allai cymaint o eiriau Saesneg orffen gyda 'ough' a swnio mor wahanol i'w gilydd. *Cough, tough, through*… roedd y rhestr yn ddiddiwedd.

Gyda'i lygaid dim ond wedi eu hanner agor, ymlwybrodd draw at y ffenest gan fwmial '*c o u g h*'.

Yna'n sydyn, agorodd ei lygaid led y pen fel dwy soser teledu lloeren.

Eira! Eira! Roedd hi wedi bwrw eira!

"Mam! Dad!" gwaeddodd dros y lle. Rhedodd lawr y grisiau fel milgi mewn ras. Doedd Tomos ddim wedi cynhyrfu cymaint ers sbel.

Roedd e'n gwybod bod eira'n beth prin iawn yn ei ardal ef. Roedd e'n cofio clywed Tad-cu yn dweud nad oedd hi wedi bwrw eira yn Allt y Crib ers 1948, dros hanner can mlynedd yn ôl.

Tybed a oedd y ffordd wedi ei chau? A fyddai'n gallu mynd i'r ysgol? Roedd bron yn ofni gofyn y cwestiwn…

"Mam. Oes ysgol heddiw?"

"Nag oes!" atebodd Mam. Doedd Tomos ddim yn gallu credu ei lwc. Anghofiodd am y geiriau 'ough' yn y fan a'r lle. Ar unwaith, ffoniodd Rhodri, un o'i ffrindiau gorau i drefnu mynd i sledio efo Gwyn.

"Mae popeth rwyt ti eu hangen fan hyn," meddai Mam. "Bwyd, diod, côt, a dy het wlân. Rho hwn ar ben y dyn eira," meddai.

Dyn eira meddyliodd Tomos. Doedd e erioed wedi cael y cyfle i adeiladu dyn eira o'r blaen. Roedd ar dân eisiau gadael y tŷ.

Gwisgodd ei gôt a'i het wlân "Camp Lawn Cymru 2005". Cafodd yr het yn anrheg pen-blwydd ac roedd yn ei thrysori.

"Dyn eira'n gyntaf?" gofynnodd Gwyn pan welodd y ddau gyfaill arall yn agosáu.

"Syniad da," atebodd Rhodri.

Cafodd y tri hwyl fawr yn adeiladu'r dyn eira ac edrychai'n ddigon o ryfeddod ar ôl gorffen. Ar ôl sglaffio eu cinio yn awchus bu'r tri yn sledio i lawr Crib Gorddu a glanio'n bendramwnwgl yn yr eira gwyn. Ond er eu bod wrth eu bodd gyda'r weithgaredd anturus, fe gafodd Rhodri syniad sut i wneud y sledio'n fwy cyffrous fyth.

"Beth am adeiladu ramp hanner ffordd i lawr?"

Ymhen dim roedd y ramp yn ei le. Rhodri aeth yn gyntaf ac roedd hi'n amlwg wrth ei sgrech ei fod wedi cael hwyl. Gwyn aeth wedyn ac fe glywodd yr holl bentref ei "IAHŴ!" wrth iddo godi'n glir oddi ar y ddaear.

"Fi nawr te," meddai Tomos yn gyffro i gyd.

"Dwi'n gwybod sut y gallet ti fynd ynghynt," meddai Rhodri a gwên chwareus ar ei wefus. "Fe rodda i hwp fel hyn i ti."

A chyn i Tomos gael cyfle i brotestio roedd hanner ffordd i lawr y bryn. Wrth agosáu at y ramp, daliodd yn dynn yn y cwdyn plastig. Cododd mor uchel i'r awyr, teimlodd fel ei fod yn hedfan.

Edrychodd i lawr a gweld twll bychan yn tyfu a thyfu yn syth o'i flaen. Ceisiodd ei orau i osgoi'r twll ond yn ofer. Roedd yn anelu'n syth tuag ato. Ceisiodd weiddi am help, ond aeth ei eiriau'n hollol sownd yn ei wddf.

Yn sydyn aeth popeth yn dywyll, er bod Tomos yn teimlo ei hun yn dal i symud yn gyflym tu hwnt. Bu'n symud drwy'r tywyllwch am sbel cyn glanio'n bendramwnwgl mewn ogof fawr. Gallai glywed sŵn siffrwd a sgathru o'i gwmpas a dechreuodd boeni fod rhyw anifeiliaid rheibus ar fin ei larpio. Cododd yn ofalus a synnu pa mor olau oedd yr ogof.

Wrth iddo wneud yn siŵr nad oedd unrhyw asgwrn wedi ei dorri, daeth creadur bach ato a gofyn,

"Ti'n siarad Cymraeg gwas?"

"Y… y… ydw," atebodd Tomos.

"Diolch byth am hynny," meddai'r creadur. "O leia fydd dim rhaid talu am gyfieithydd!"

Roedd Tomos wedi drysu'n llwyr. Beth yn y byd oedd yn digwydd iddo? Mentrodd edrych yn fwy manwl ar y creadur a gyflwynodd ei hun fel Blog, Pennaeth y Glob, a fu'n byw dan ddaear yn heddychlon yn y rhan honno o Allt y Crib ers canrifoedd. Tybiodd Tomos mai dim ond tua 30 centimedr o daldra oedd Blog a'i fod yn gallu symud yn eithriadol o gyflym o un lle i'r llall. Sylwodd mai un llygad oedd ganddo, a bod ei draed yn anferth o gymharu a gweddill ei gorff. Ond yr hyn oedd yn fwyaf arbennig oedd fod ganddo wên fawr ar ei wyneb drwy'r amser.

"Reit gwas, 'sdim llawer o amser gyda ni. Wyt ti'n mynd i helpu ni neu beidio?"

Mentrodd Tomos ofyn pwy yn union oedd "ni", a chyn gynted ag y gofynnodd ei gwestiwn daeth miloedd o Globiaid o unlle a'i amgylchynu… bob un ohonynt yn gwenu fel gât. Dechreuodd Tomos ofni mai rhyw dwyll rhyfedd oedd y gwenu, a fel yr oedd yn dechrau magu plwc i weiddi dechreuodd Blog eto.

"Mae hi fel hyn i ti. Ni mewn trwbwl a ni'n methu datrys ein problem."

"B… B… Beth sy'n bod?" gofynnodd Tomos, yn methu coelio ei fod yn dechrau cynnal sgwrs gyda'r Globiaid.

"Wel, y Swcadl wrth gwrs. Maen nhw wedi bygwth cymryd ein hogof," esboniodd Blog. Clywodd Tomos y miloedd o'i gwmpas yn cytuno.

"Ti'n mynd i helpu de was?" gofynnodd Blog eto.

Cyn dweud dim pellach, penderfynodd Tomos daro ei ben â chledr ei law i wneud yn siŵr nad oedd yn breuddwydio. Aw, meddyliodd, ac os oedd hwnna wedi ei frifo, rhaid fod hyn yn digwydd go iawn.

Roedd hefyd wedi penderfynu nad gwên wag oedd gwên y Globiaid. Roedd rhywbeth yn annwyl iawn amdanynt. Credai y gallai ymddiried ynddynt.

"Oes rhywbeth alla i wneud i helpu?" mentrodd ofyn.

"Wel gobeithio hynny'n wir was," atebodd Blog. "Mae'r Swcadl am i ni osod ffin bendant rhyngddyn nhw a ni cyn i'r diferyn dŵr sy'n hongian uwch dy ben lanio ar y llawr. Rhaid i'r llinell fod yn ddi-dor. Dyna'r unig amod."

Edrychodd Tomos i fyny a gweld y diferyn lleiaf yn dechrau cronni ar do'r ogof.

"Beth allwn ni wneud?" atebodd yn bryderus.

Aeth Blog ati esbonio fod y Swcadl wedi cytuno nad oedden nhw am groesi'r ffin os allai'r Globiaid ymestyn y llinyn o un pen ceg yr ogof i'r pen arall. Edrychodd Tomos o'i gwmpas mewn penbleth. Roedd yr ogof yn hollol wag. Doedd e heb weld lle mor anial erioed. Wrth bendroni, gwelodd y diferyn dŵr yn tyfu.

"Drycha gwas. Meddwl am rywbeth glou."

Dechreuodd Tomos grafu ei ben am ateb. Wrth wneud hynny, sylwodd fod edafedd o'i het yn rhydd yn ei law.

"O na! Drychwch ar fy het. Mae hwn yn anrheg gwerthfawr," cwynodd Tomos.

"Perffaith," oedd ymateb Blog. "Diolch i ti was." A chyn i Tomos gael cyfle i brotestio roedd Glob wedi neidio ato, wedi cydio yn yr edafedd a dechrau ei dynnu.

Cyn hir, roedd y Blogiaid i gyd yn helpu Glob i greu ffin gydag edafedd het Tomos. Sylwodd Tomos fod cannoedd o'r Swcadl yn barod i ymosod. Cadwodd lygad barcud wrth i rai ohonynt garlamu tuag at y Blogiaid gwelodd y siom yn eu llygaid wrth iddynt weld fod y ffin yn ei le.

Trodd pawb at Tomos a'i alw'n arwr. Teimlodd ei fochau'n gwrido wrth i Blog a'i gyfeillion weiddi ei enw drosodd a throsodd.

Yna'n sydyn, teimlodd ei hunan yn crynu, a dechreuodd ei goesau symud. Cyn iddo allu wneud dim byd, cwympodd ar ei ben-ôl a dechrau symud. Cyn pen dim roedd yn gweld awyr las o'i flaen - yn dod yn nes ac yn nes. Y peth nesaf a wyddai oedd ei fod wedi glanio, ei ben yn gyntaf, mewn eira.

Clywodd leisiau pryderus ei ffrindiau.

"Wyt ti'n iawn Tomos?"

"Nest ti hedfan dros y clawdd. Mae wedi cymryd 10 munud i ni dy gyrraedd."

Deg munud meddyliodd Tomos. Roedd e'n teimlo fel ei fod wedi bod i ffwrdd ers oriau. Cododd yn araf iawn ac roedd ei ben yn troi.

"Aros funud," ebychodd Gwyn. "Ble yn y byd mae dy gap di?"

Roedd Tomos ar fin rhannu'r hyn a ddigwyddodd gyda Gwyn a Rhodri, ond pan feddyliodd am y peth, penderfynodd na fyddai neb yn ei gredu beth bynnag…

Grwpiau Trafod

1. Sut mae Tomos yn teimlo wrth iddo ddihuno'r bore hwnnw?

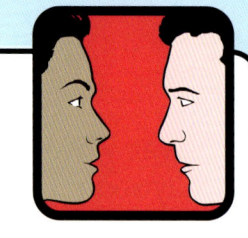

2. Beth mae Tomos, Rhodri a Gwyn eisiau'i wneud yn yr eira?

3. Beth sy'n digwydd i Tomos wrth iddo godi o'r ramp?

4. Disgrifiwch yr hyn sy'n digwydd i Tomos ar ôl i bopeth fynd yn dywyll.

Disgrifiwch beth yw:

- swcadl
- blogiaid

Beth am dynnu lluniau ohonynt a'u labelu?

Iaith

Mae'r stori'n cynnwys y geiriau hyn.

Darllenwch y geiriau eto.

Mae mwy o gymorth ar dudalennau 14 ac 15.

- i drefnu
- i wneud
- daldra
- gyflymdra
- am rywbeth
- am groesi
- ar do

58

Beth sydd wedi digwydd i'r geiriau?

trefnu	→	i drefnu
gwneud		
taldra		
cyflymdra		
rhywbeth		
croesi		
to		

Rhowch 'i' o flaen y geiriau hyn:

mynd	dod
meddwl	darllen

Treiglad meddal

Mae geiriau sy'n dechrau â'r llythrennau hyn yn rhai pwysig iawn:

p	yn newid i	b
t	yn newid i	d
c	yn newid i	g
b	yn newid i	f
g	yn diflannu	-
d	yn newid i	dd
m	yn newid i	f

Mae'r llythrennau hyn yn newid os ydy'r geiriau hyn yn dod o'u blaen:

am	ar	at	gan
dros	drwy	wrth	dan
heb	hyd	o	i

Cywirwch y camgymeriadau hyn:

am bod	i rhoi	gan cofio
dros cinio	ar pen	o pobl
am gwneud	drwy meddwl	wrth dweud
at cymydog	i mynd	heb poeni

Cywirwch y brawddegau hyn.

Mae un gwall yn rhif 1, a dau wall yn y gweddill.

1. Doeddwn i heb colli fy mag ddoe.

2. Mae llawer o pobl yn mynd i cerdded yn y goedwig.

3. Does dim digon o plant am bwyta cinio'r ysgol.

4. Mae eisiau mynd i canu carolau i dathlu'r Nadolig.

5. Rydw i'n mynd i gwylio'r rhaglen ar teledu drws nesaf.

Creu stori

Ewch ati i greu stori am rywun sy'n dod o hyd i fyd arall.

> Ble mae'r cymeriadau ar y dechrau?

> Pa fath o le y maen nhw'n dod o hyd iddo?

Cynllunio

Cymeriadau
Pwy?

Pa fath o bobl?

Ble maen nhw ar ddechrau'r stori?

Beth sy'n digwydd cyn iddyn nhw ddod o hyd i'r byd newydd?

Sut maen nhw'n cyrraedd yno?

Beth sydd yno?
Pwy sydd yno?
Disgrifiwch y lle.

Beth sydd yn digwydd yno?

Ydych chi'n aros yn y byd newydd neu beidio?
Pam?
Sut?

Nicholas Daniels

Enw: David Nicholas Daniels

Dyddiad Geni: 8 Rhagfyr 1974

Ble cawsoch chi eich geni a'ch magu?
Ces fy ngeni yn Llanelli a'm magu yn Llangennech – pentref bach ar gyrion tref Llanelli.

Ble cawsoch chi eich addysg?
Ysgol Gynradd Llangennech ac Ysgol Gyfun y Strade, Llanelli.

Beth roeddech chi'n ei hoffi neu'n ei gasáu am yr ysgol?
Doeddwn i ddim yn hoffi braidd dim am yr ysgol . . . sy'n rhyfedd iawn o feddwl fy mod i'n athro yn awr!

Beth oeddech chi eisiau bod ar ôl tyfu i fyny?
Pan ofynnodd Mam imi beth oeddwn i am fod ar ôl tyfu, mae'n debyg i mi ddweud 'eliffant'! Cofiwch, dim ond tair mlwydd oed oeddwn i ar y pryd! Pan oeddwn yn hŷn, roeddwn i am fod yn filfeddyg . . . nes imi sylweddoli y base'n rhaid imi weld anifeiliaid sâl ofnadwy.

Beth oedd eich hoff lyfr pan yn blentyn?
Tân ar y Comin gan T. Llew Jones.

Beth yw eich hoff ddiddordebau?
Ysgrifennu storïau a barddoniaeth, wrth gwrs! Dwi hefyd yn hoff iawn o ddarllen a mynd â 'nghi am dro.

Beth sy'n eich gwneud chi'n hapus?
Fy nheulu, fy ffrindiau a 'nghi!

Beth sy'n eich gwylltio chi?
Pobl anghwrtais!

Pryd dechreusoch chi feddwl am ysgrifennu?
Mae gen i lyfr o farddoniaeth y dechreuais ei ysgrifennu pan oeddwn yn wyth mlwydd oed!

Pa un oedd eich llyfr cyntaf?
Gornest Reslo'r Menywod Cinio.

Ydych chi'n ei chael hi'n hawdd i ysgrifennu?
Weithiau. Y peth anodd yw cael amser i wneud hynny! Roeddwn i'n ysgrifennu ar ddydd Nadolig y llynedd!

O ble rydych chi'n cael eich syniadau?
O fywyd bob dydd, y bobl rwy'n cwrdd â nhw . . . a rhyw gornel bach drygionus o'm dychymyg!

Oes gennych chi gyngor i rywun sy'n trio ysgrifennu?
Oes! Er bod ysgrifennu'n rhywbeth rydych yn ei wneud i blesio'ch hunan, mae'n rhaid cofio pwy yw eich cynulleidfa – pwy sy'n mynd i ddarllen eich gwaith; ysgrifennwch ar eu cyfer nhw.

Oes rhai o'ch cymeriadau wedi eu seilio arnoch chi?
Efallai fod darnau bach ohonof i ym mhob cymeriad . . . ond dydy hynny ddim yn fwriadol!

Pa un yw eich hoff lyfr?
Wn i ddim! Mae hynny fel dewis ffefryn o blith eich teulu. Mae'n amhosib i mi!

Pa un yw eich hoff gymeriad?
Mrs Sharp! Mae hi'n cŵl – mewn ffordd hunllefus!

Oes unrhyw beth yr hoffech chi ei newid amdanoch eich hunan?
Dwi ddim yn meddwl. Dylen ni i gyd fod yn hapus fel rydyn ni.

Pa raglenni teledu yw eich ffefrynnau?
Dydw i ddim yn un sy'n hoffi gwylio'r teledu. Mae'n llawer gwell gen i lyfr da!

Beth yw eich hoff fwyd?
Pitsa a siocled – ond nid gyda'i gilydd, wrth gwrs!

Beth yw eich hoff gân?
Rydw i'n dwlu ar emynau Cymraeg!

Beth yw eich hoff ffilm?
Eisteddfod! Eisteddfod!

Beth yw eich hoff atgof?
Eistedd ar lawnt flaen y tŷ a Mam yn fy nysgu i ysgrifennu f'enw. Roedd hynny cyn imi ddechrau'r ysgol.

Beth yw eich hoff le yn y byd?
Mae adfail hen ffermdy ger afon Morlais yn Llangennech. Pan fyddaf yn ymweld â Mam a Dad rwy'n mynd â'r ci am dro yno. Mae'n fan mor heddychlon.

Oes gyda chi un peth rydych yn ei drysori'n fwy na dim arall?
Fy nheulu . . . a hefyd modrwy briodas Mam-gu. Cefais i hi ar ôl iddi farw. Mae'n arbennig iawn i mi.

Beth sy'n gwneud i chi chwerthin?
Llawer iawn o bethau! Does dim byd gwell na chwerthiniad iach! Roedd fy athrawon yn yr ysgol yn dweud fy mod yn chwerthin gormod!

Unrhyw gyfrinachau eraill yr hoffech eu rhannu â phlant Cymru?
Y gyfrinach fwyaf yn y byd yw y gallwch fod yn unrhyw beth a fynnoch chi pan fyddwch chi'n hŷn – dim ond i chi weithio'n ddigon caled!

Grwpiau Trafod

1. Beth yw gwaith Nicholas Daniels?
2. Beth oedd e eisiau'i wneud pan oedd e'n blentyn?
3. Enwch ddau o'i ddiddordebau.
4. O ble mae Nicholas Daniels yn cael ei syniadau ar gyfer ei lyfrau?
5. Beth yw hoff fwyd Nicholas Daniels?
6. Pa ffaith amdano yw'r un fwyaf ddiddorol yn eich barn chi?

Mae Nicholas Daniels wedi ysgrifennu nifer fawr o lyfrau ar gyfer plant. Un o'r llyfrau hyn yw *Melltith y Fenyw Ginio*.

Mae broliant ar gefn y llyfr. Darllenwch y broliant.

> Mae Tom yn mwynhau bywyd, nes i rywbeth, neu rywun, darfu ar ei flwyddyn olaf yn yr ysgol gynradd. Wrth i bethau fynd o ddrwg i waeth, Mrs. Ceredig – menyw ginio fwyn, ac arwres yr ysgol – sy'n cael y bai.
>
> Oes yna felltith ar yr ysgol, tybed? A all Tom a'i ffrindiau ddarganfod pwy sy'n gyfrifol? A allan nhw achub enw da angel amser cinio Ysgol Eden? Ac ers pryd mae bod yn dditectif yn rhan o ddyletswyddau plant Blwyddyn Chwech?!

- Pwy ydych chi'n credu sydd yn achosi'r melltith?
- Beth ydych chi'n credu sy'n mynd i ddigwydd i Mrs. Ceredig?
- A fyddech chi eisiau darllen y llyfr hwn? Pam?

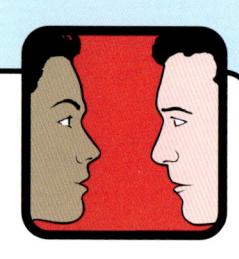

Y Tywydd

Rhagolwg 5 diwrnod ar gyfer Bangor

	Crynodeb	Uchaf (dydd)	Isaf (nos)	Gwynt (mya)	Mynegai Haul	Llygredd
Mercher Gwawrio 04:46 Machlud 21:57	 🌧️	13°C	11°C	6	ISEL	ISEL
Iau Gwawrio 04:46 Machlud 21:58	 🌦️	14°C	11°C	18	ISEL	ISEL
Gwener Gwawrio 04:45 Machlud 21:59	 ⛅	12°C	10°C	20	CANOLIG	ISEL
Sadwrn Gwawrio 04:45 Machlud 22:00	 🌦️	13°C	9°C	17	CANOLIG	ISEL
Sul Gwawrio 04:45 Machlud 22:00	⛅	13°C	11°C	15	ISEL	ISEL

Grwpiau Trafod

1. Pa fath o dywydd fydd ddydd Llun?
2. Pa fath o dywydd fydd ddydd Iau?
3. Pa fath o dywydd fydd ddydd Sadwrn?
4. Pa ddiwrnod fydd hi oeraf?
5. Pa ddiwrnod fydd hi'n fwyaf cynnes?
6. Pa ddiwrnod fydd yr un byrraf?
7. Pa ddiwrnodau fydd y rhai hiraf?

mae'n

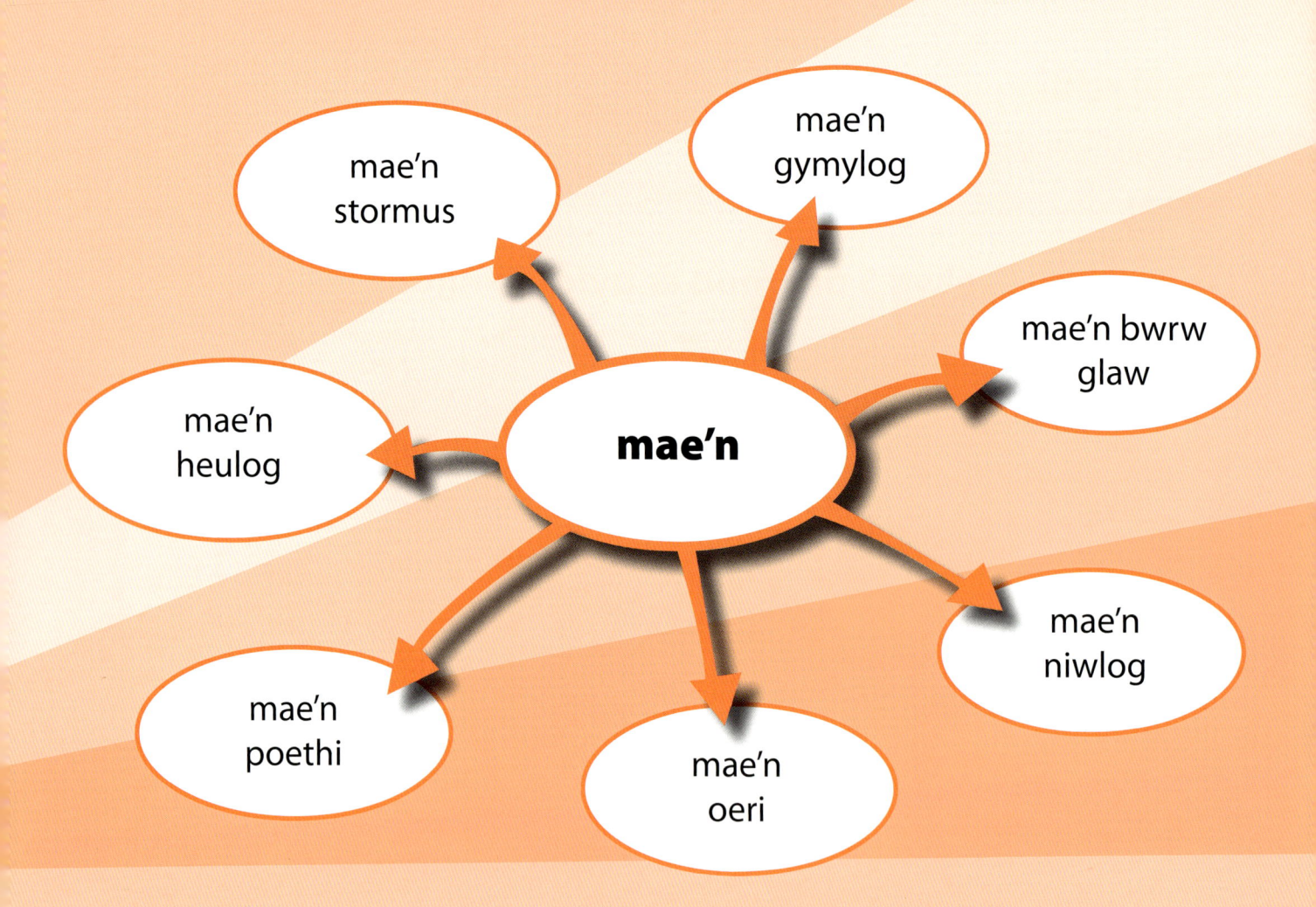

- mae'n stormus
- mae'n gymylog
- mae'n bwrw glaw
- mae'n niwlog
- mae'n oeri
- mae'n poethi
- mae'n heulog

- Roedd hi'n heulog ddoe.
- Mae'n heulog heddiw.
- Bydd hi'n heulog yfory.

Ysgrifennwch fwletin tywydd pedwar diwrnod ar gyfer y teledu.

Gallwch ddefnyddio'r eirfa uchod.

Ddoe, cawson ni dywydd digon garw yn y gogledd, a'r gwynt a'r glaw yn parhau yn y de.

Heddiw, gallwn ni ddisgwyl tywydd digon tebyg eto, gyda mwy o law trwm yn chwythu o'r gorllewin. Bydd hi'n bwrw hen wragedd a ffyn ym mhob man a bydd hi'n oeri cryn dipyn.

Yfory bydd yr haul yn gwenu arnom o'r diwedd a hynny yn y gogledd a'r gorllewin. Bydd hi'n gymylog yn y de a'r dwyrain.

Drannoeth rydyn ni'n disgwyl blanced o eira trwm dros Gymru benbaladr!

Cofiwch

diwrnod 1	diwrnod 2	diwrnod 3	diwrnod 4
Ddoe	**Heddiw**	**Yfory**	**Drannoeth**

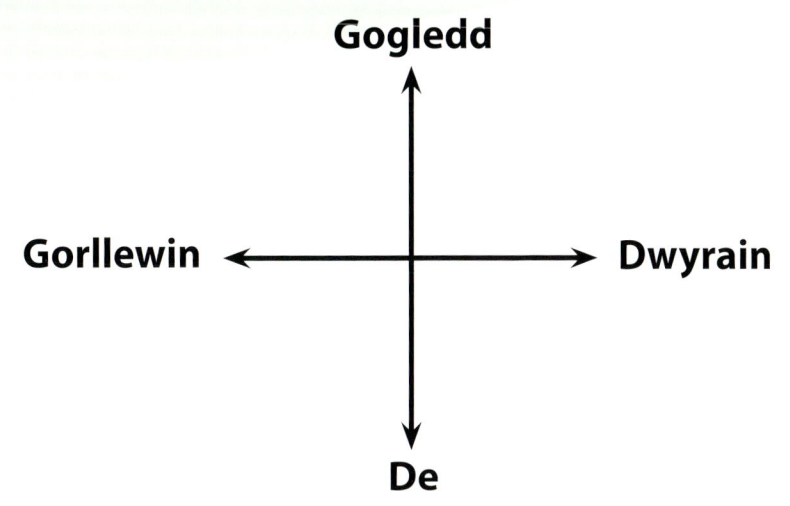

Gogledd

Gorllewin ←→ **Dwyrain**

De

Idiomau / Geirfa'r tywydd

Cymru i gyd	Cymru benbaladr o Fôn i Fynwy
haul	haul yn gwenu gwres yr haul haul tanbaid
bwrw glaw	bwrw hen wragedd a ffyn pistyllio bwrw
niwlog	llen o niwl niwl trwchus
eira	blanced o eira lluwchfeydd eira eira mân, eira mawr
mellt a tharanau	yn goleuo

Troi a Throelli

TROI A THROELLI

MAE TORNADOS DROS Y BYD I GYD – CYWIR NEU ANGHYWIR?

1 Yn hir a llwyd fel trwnc eliffant, mae tornado'n chwyrlïo heibio ar gyflymder o dros 60 cilometr yr awr.

2 Mae'r tornado fel sugnwr llwch anferth, yn codi coed, ysguboriau, tractors, anifeiliaid – popeth sydd yn ei lwybr. Mae'n cipio ieir, a hyd yn oed eu pluo!

3 Gwyntoedd sy'n chwyrlïo yw tornados. Maen nhw'n ymffurfio wrth i golofn o aer oer suddo i lawr o gwmwl taranau, tra bo aer cynnes ac ysgafnach yn codi o'i amgylch.

4 Mae'r aer cynnes yn codi mor gyflym nes iddo ddechrau troelli. Mae'n sugno llwch a baw oddi ar y llawr nes ffurfio twndis tywyll sy'n codi fel neidr at y cwmwl.

8 TORNADOS

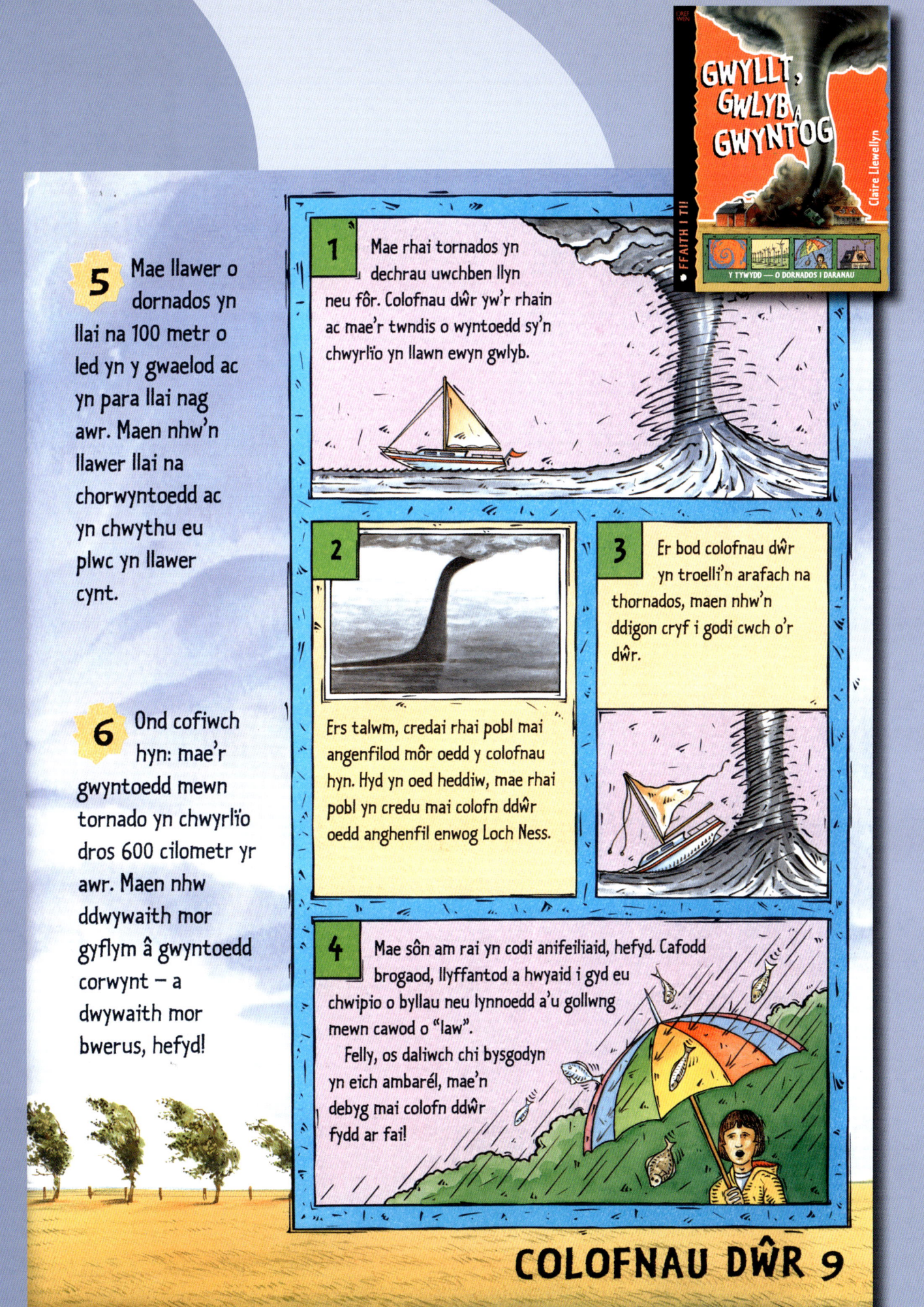

5 Mae llawer o dornados yn llai na 100 metr o led yn y gwaelod ac yn para llai nag awr. Maen nhw'n llawer llai na chorwyntoedd ac yn chwythu eu plwc yn llawer cynt.

6 Ond cofiwch hyn: mae'r gwyntoedd mewn tornado yn chwyrlïo dros 600 cilometr yr awr. Maen nhw ddwywaith mor gyflym â gwyntoedd corwynt – a dwywaith mor bwerus, hefyd!

1 Mae rhai tornados yn dechrau uwchben llyn neu fôr. Colofnau dŵr yw'r rhain ac mae'r twndis o wyntoedd sy'n chwyrlïo yn llawn ewyn gwlyb.

2 Ers talwm, credai rhai pobl mai angenfilod môr oedd y colofnau hyn. Hyd yn oed heddiw, mae rhai pobl yn credu mai colofn ddŵr oedd anghenfil enwog Loch Ness.

3 Er bod colofnau dŵr yn troelli'n arafach na thornados, maen nhw'n ddigon cryf i godi cwch o'r dŵr.

4 Mae sôn am rai yn codi anifeiliaid, hefyd. Cafodd brogaod, llyffantod a hwyaid i gyd eu chwipio o byllau neu lynnoedd a'u gollwng mewn cawod o "law".
Felly, os daliwch chi bysgodyn yn eich ambarél, mae'n debyg mai colofn ddŵr fydd ar fai!

COLOFNAU DŴR 9

Grwpiau Trafod

1. Beth yn union yw tornado?
   - Sut maen nhw'n ffurfio?
   - Pa mor gyflym ydyn nhw?
   - Pa mor fawr ydyn nhw?
2. Beth mae tornado yn ei wneud?
3. Beth ydych chi wedi'i ddysgu am golofnau dŵr?

Iaith

Dewch o hyd i ystyr y geiriau hyn.
Ysgrifennwch frawddeg i gynnwys pob un o'r geiriau.

1. colofn
2. cipio
3. twndis
4. ewyn

Mae'r tornado'n cael ei ddisgrifio

fel trwnc eliffant   fel neidr

Dyma lun arall o dornado. Allwch chi feddwl am un gyffelybiaeth arall i ddisgrifio'r llun?

Darllenwch y ffeithiau hyn am dornado a ddigwyddodd yn ardal Aberystwyth.

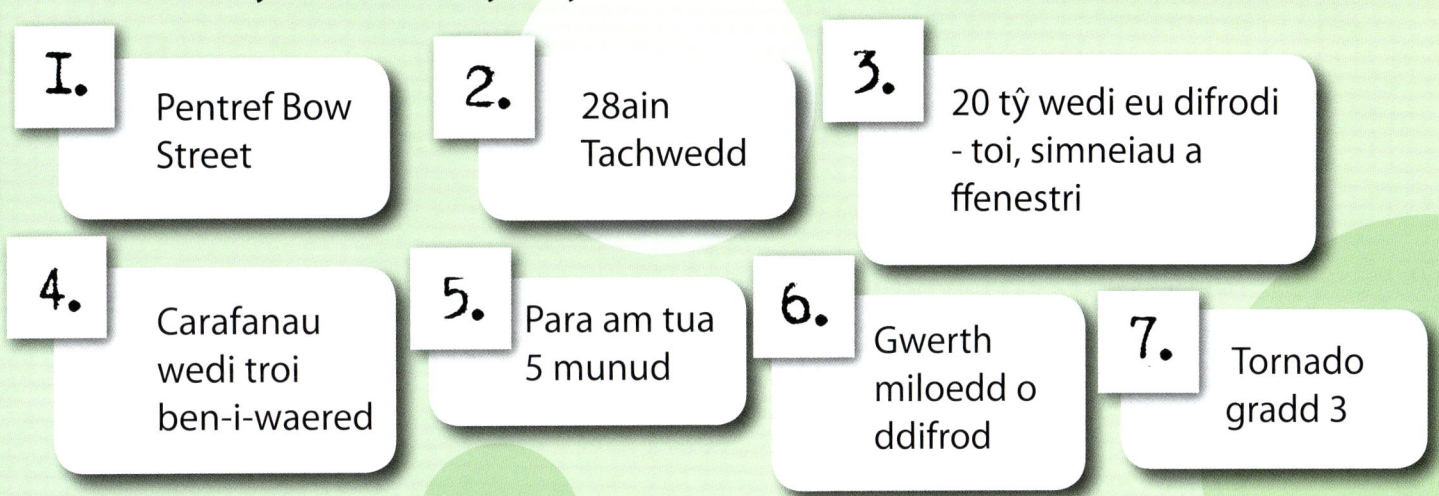

1. Pentref Bow Street
2. 28ain Tachwedd
3. 20 tŷ wedi eu difrodi - toi, simneiau a ffenestri
4. Carafanau wedi troi ben-i-waered
5. Para am tua 5 munud
6. Gwerth miloedd o ddifrod
7. Tornado gradd 3

Ewch ati i greu bwletin newyddion yn sôn am y tornado a'i effaith.

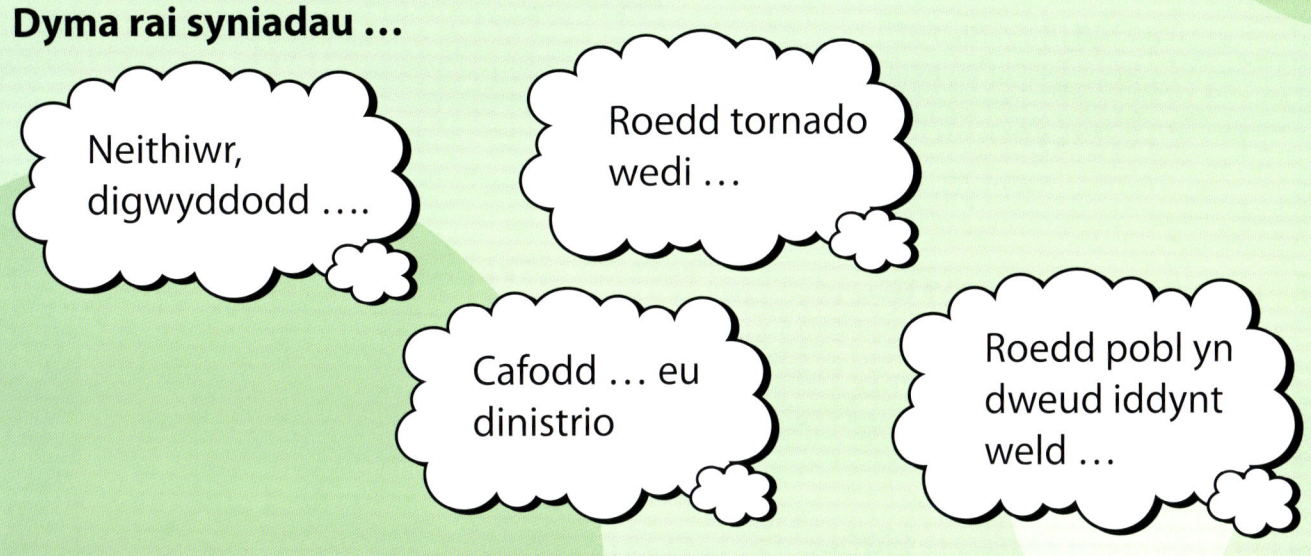

Dyma rai syniadau …

Neithiwr, digwyddodd ….

Roedd tornado wedi …

Cafodd … eu dinistrio

Roedd pobl yn dweud iddynt weld …

Hunan asesu'r bwletin tywydd

1	Ydw i wedi dweud ble roedd y tornado?	
2	Ydw i wedi dweud beth oedd y dyddiad?	
3	Ydw i wedi defnyddio berfau fel 'cafodd', 'roedd', 'digwyddodd'?	
4	Ydw i wedi disgrifio'r niwed wnaeth y tornado?	
5	Ydw i wedi disgrifio sut beth oedd y tornado?	
6	Ydw i wedi dweud beth oedd y bobl leol wedi gweld?	

Y Draenog

Pan oeddwn i'n myned
 un bore drwy'r coed,
mi welais beth rhyfedd
 ar lawr wrth fy nhroed.

Hen dwmpath bach pigog,
 'run lled a'r un hyd,
a thrwyn fel trwyn mochyn,
 yn gryndod i gyd.

Mi blygais i siarad,
 a siarad fel ffrind:
ymlaen yr oedd yntau,
 mae'n amlwg, am fynd.

Ac yna, i'w rwystro,
 estynnais fy mys;
fe gaeodd fel pelen,
 a hynny ar frys.

Ac O! roedd o'n bigog,
 yn bigog i gyd;
ac nid oedd am agor
 i neb yn y byd.

Ymlaen yr es innau
 a'i adael o'i go,
hen beth bach rhy bigog
 i wneud dim ag o.

J. Eirian Davies

Grwpiau Trafod

1. Beth yw enw'r bardd?
2. Beth mae'r bardd yn ei weld wrth ei droed?
3. Pa fath o drwyn sydd ganddo?
4. Beth ddigwyddodd pan estynnodd y bardd ei fys at yr anifail?
5. Pam benderfynodd y bardd ei adael?

Iaith

Edrychwch ar bob pennill.

- Sawl llinell sydd i bob un?
- Oes rhai llinellau sydd yn odli? Pa rai?
- Faint o sillafau sydd ym mhob llinell?

Pennill 1 - odlau:

myned
coed
rhyfedd
troed

Pennill 1 – sillafau:

6 sillaf
5 sillaf
6 sillaf
5 sillaf

Edrychwch ar yr anifeiliaid hyn.

Ysgrifennwch ddau bennill am ddau anifail. Gallwch ddewis yr anifeiliaid yn y lluniau, neu anifeiliaid eraill.

Dylai'r ddau bennill gynnwys 4 llinell yr un a dilyn patrwm odli a sillafau y gerdd 'Y Draenog'.

Teulu Abram Wood

Teulu Abram Wood

'Crwydro am oes lle y mynno ei hun,
A marw lle mynno Duw.'
(Eifion Wyn am y sipsiwn)

Mae'r hanes cynharaf am sipsiwn yng Nghymru yn mynd 'nôl i 1579. Bryd hynny cafodd 40 o sipsiwn eu dal ym Mhowys a'u cyhuddo o fod yn *grwydriaid (tramps)*. Roedd y sipsiwn yn crwydro wrth gwrs, ond roedden nhw'n gweithio hefyd. Roedden nhw'n dod o ddwyrain Ewrop ac yn siarad eu hiaith eu hunain – Romani.

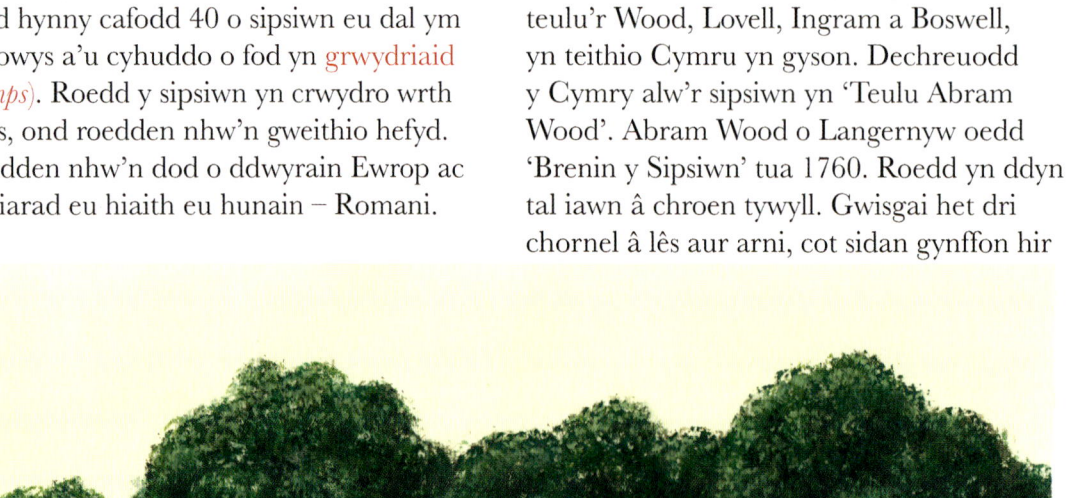

Tua 200 o flynyddoedd yn ddiweddarach roedd teuluoedd arbennig o sipsiwn, fel teulu'r Wood, Lovell, Ingram a Boswell, yn teithio Cymru yn gyson. Dechreuodd y Cymry alw'r sipsiwn yn 'Teulu Abram Wood'. Abram Wood o Langernyw oedd 'Brenin y Sipsiwn' tua 1760. Roedd yn ddyn tal iawn â chroen tywyll. Gwisgai het dri chornel â lês aur arni, cot sidan gynffon hir a gwasgod wedi'i haddurno â dail. Roedd rhubanau wedi'u clymu am benliniau ei drowsus gwyn. Gallai Abram siarad Cymraeg, Saesneg a Romani.

Hela cwningod ac ysgyfarnogod neu bysgota oedd gwaith y dynion. Roedden nhw'n dweud fod Matthew Wood yn gallu 'chwibanu pysgod allan o'r dŵr'. Y menywod fyddai'n gweithio'n galed i ennill arian, trwy werthu pegiau a basgedi, rhwydi i ffermwyr a lês i'w gwragedd. Gallai sawl sipsi ddweud ffortiwn hefyd. Enillodd Sarah Wood ddigon o arian i brynu ceffyl a chart trwy ddweud ffortiwn.

Sipsiwn yn gwersylla ger Abertawe, 1953

Yn ôl yr hanes llosgodd Ellen Wood ei llyfr dweud ffortiwn tua 1866, i rwystro'i merch yng nghyfraith rhag gwybod am ei chyfrinachau hi!

Syrthiodd y sipsi Sarah Wood mewn cariad â *gajo* (enw'r sipsiwn am unrhyw un oedd ddim yn sipsi) tua 1815. John Robert Lewis o ardal Pentrefoelas oedd hwn ac roedd yn benderfynol o'i phriodi. Bu'n rhaid iddo ymladd yn erbyn cefnder Sarah a thalu dwy gasgen o gwrw, sawl sach o datws, menyn ac wyau fferm amdani.

Roedd sawl un o'r sipsiwn yn gerddorion gwych – yn canu'r ffidil neu'r delyn. Roedd y Cymry wrth eu bodd yn eu gweld yn cyrraedd pentref achos byddai digon o ganu a dawnsio wedyn. Bu John Wood yn canu'r delyn deires i'r Frenhines Victoria ym Mhalas Buckingham ym 1843.

Ond y telynor gorau oedd John Roberts, mab Sarah Wood a'i *gajo*. Ac roedd naw mab John Roberts yn delynorion gwych hefyd. Ffurfion nhw grŵp o'r enw *The Cambrian Minstrels* a buon nhw'n perfformio o flaen y Frenhines Victoria pan ymwelodd hi â Phlas Palé, Llandderfel, ym 1889. Canon nhw 'Ar Hyd y Nos' a 'Hen Wlad fy Nhadau' iddi a mwynhaodd hi'n fawr, mae'n debyg.

Dyma'r dull cyfrif yn yr iaith Romani: 1: *yekh*; 2: *dui*; 3: *trin*; 4: *shtar*; 5: *pansh*. Yna i wneud rhif 7: *trin tha shtar* (3+4); a rhif 8: *dui vari shtar* (2x4). Gwnaethon nhw fenthyg rhai geiriau Cymraeg, e.e. *melano* am melyn; a *baidia* am beudy.

Y Cambrian Minstrels yn perfformio o flaen y Frenhines Victoria ym Mhlas Palé, Llandderfel, 1889

Dawnsio clocsiau ar ben bwrdd oedd camp Hywel Wood tua 1950. Doedd neb yn siŵr pryd roedd Hywel wedi cael ei eni, felly cafodd ddewis ei ddyddiad pen-blwydd ei hun! Dewisodd ddyddiad ar ddechrau'r tymor pysgota – ym mis Chwefror.

Grwpiau Trafod

1. Beth yw iaith y sipsiwn?
2. Enwch rai o deuluoedd y sipsiwn oedd yn teithio Cymru?
3. Sut olwg oedd ar Frenin y sipsiwn?
4. Pa fath o waith oedd y dynion yn ei wneud?
5. Pa fath o waith oedd y menywod yn ei wneud?
6. Beth wnaeth Ellen Wood yn 1866?
7. Pwy briododd Sara Wood?

Roedd gan y sipsiwn lawer o draddodiadau pwysig.

Roedden nhw'n credu bod yn rhaid llosgi'r garafan yr oedd sipsi wedi bod yn byw ynddi er mwyn i'r person marw yn y garafan gyrraedd y nefoedd.

Dyma'r hyn sydd yn digwydd i Tim Boswell yn nofel enwog T. Llew Jones, *Tân ar y Comin* wedi i'w dad-cu, Alf Boswell, farw:

Yng ngolau'r lleuad gallai weld yr hen garafan annwyl yn sefyll yn unig a distaw ar y darn comin.

Dechreuodd y dagrau gronni yn ei lygaid eto wrth edrych arni. Roedd hi wedi cludo ei dad-cu ac yntau, trwy law a heulwen, o fan i fan am flynyddoedd maith.

Rhoddodd ei droed am y tro olaf ar y step a chamu i fyny at y drws. Curai ei galon fel morthwyl. Ond roedd e'n gwybod beth oedd yn rhaid iddo ei wneud yn awr. Roedd e wedi penderfynu, ac nid oedd troi nôl i fod. Fe gâi ei dad-cu fynd i'r Nefoedd fel yr hen sipsiwn eraill – o ganol y mwg a'r tân.

Ar ôl mynd i mewn trwy'r drws unwaith eto, trodd babwyr yr hen lamp i fyny, a chynyddodd y fflam y tu mewn i'r gwydr ar unwaith.

Taflodd lygad ofnus ar wely ei dad-cu. Roedd yr hen flanced lwyd, fawlyd yn ei guddio i gyd. Tynnodd Tim y flanced yn ôl. Roedd e wedi penderfynu cael un peth arall oddi ar gorff ei dad-cu – sef ei waled. Yn honno, gwyddai fod yr hen ŵr yn cadw ei ychydig bethau personol – er nad oedd ef – Tim – erioed wedi cael gweld y cyfan oedd ynddi.

Rhoddodd ei law y tu mewn i got lwyd, garpiog ei dad-cu. Cyffyrddodd ei fysedd â lledr llyfn y waled. Tynnodd hi allan a'i gwthio i boced ei siaced ei hun.

Tynnodd y lamp i lawr oddi ar y bachyn yn y to. Trodd y pabwyr i lawr i'r gwaelod, nes oedd y fflam yn ddim ond rhimyn tenau, glas. Trodd sgriw'r caead bach ar yr olew. Wedi cael hwnnw'n rhydd tywalltodd yr olew drewllyd o'r lamp ar draws gwely ei dad-cu ac ar lawr y garafan. Tynnodd y bocs matsys o'i boced. Gweddïodd fod un o'r rheini'n mynd i danio.

Yn rhyfedd iawn – fe daniodd y fatsien gyntaf a drawodd ar ymyl y bocs.

Gosododd y fflam fechan wrth ddillad gwely'r hen ŵr, lle roedd e wedi arllwys yr olew, ac ar unwaith gwelodd fflam newydd yn neidio i fyny. Gwelodd darn o hen bapur dyddiol yn y gornel o dan y bwrdd bach, a rhoddodd fflam fechan y fatsien wrth hwnnw hefyd. Fflamiodd y papur ar unwaith. Ond erbyn hynny roedd dillad y gwely'n fflamio hefyd ac roedd arogl drwg y flanced yn llosgi yn llond ei ffroenau.

Aeth allan o'r garafan. Gadawodd y drws ar agor y tro hwn er mwyn i wynt y nos allu mynd trwyddo i chwythu'r tân.

Gadawodd y comin wedyn, a cherdded ar hyd y ffordd fawr nes cyrraedd y bont. Arhosodd ar y bont gan anadlu'n gyflym, a chrio'n ddistaw yr un pryd.

Arhosodd yno'n hir gan gadw llygad ar y darn comin. A oedd y tân wedi cael gafael? Neu a oedd e wedi diffodd?

Yna gwelodd dafod o dân yn neidio i'r awyr! Roedd y to wedi llosgi drwyddo! Cyn pen winc roedd y comin yn olau i gyd gan y fflamau mawr a neidiai i'r awyr. O, roedd yr hen garafan wedi llosgi'n dda! Yn well na charafan Amos Lovell. Ond wedyn roedd ei dad-cu yn llawer gwell dyn nag Amos Lovell.

Ac yn awr nid oedd ei dad-cu yn swp o glai oer yn y garafan – na – roedd e wedi mynd – gyda'r fflamau mawr a'r mwg … i fyny … i fyny i'r Nefoedd! I'r Nefoedd i gwrdd â'i hen gyfeillion – Sol Burton, Amos Lovell, Abram Wood, Gideon Lee a'r lleill.

T. LLEW JONES

Tân ar y Comin

Grwpiau Trafod

1. Sut oedd Tim Boswell yn credu y byddai ei dad-cu yn cyrraedd y Nefoedd?
2. Beth oedd Tim Boswell eisiau o siaced ei dad-cu? Pam?
3. Sut yn union wnaeth Tim roi'r garafan ar dân?
4. Beth wnaeth Tim ar ôl iddo adael y garafan?
5. Sut ydych chi'n credu yr oedd Tim yn teimlo wrth weld y garafan yn llosgi?

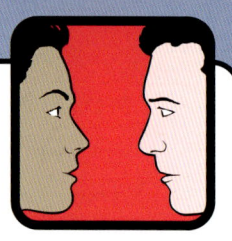

Chwarae Rôl

Mae eisiau i un ohonoch chi fod yn Tim Boswell a'r llall i fod yn ffermwr sydd yn byw ger y comin.

Mae'r ffermwr wedi gweld y garafan yn llosgi ac wedi dod i weld beth sy'n digwydd. Mae eisiau i Tim esbonio iddo pam ei fod wedi llosgi'r garafan.

| Hafan | Awduron | Prynu | Dolenni |

T. Llew Jones

Cafodd T. Llew Jones ei eni yn 1915 ym Mhentre-cwrt, Llandysul. Tyfodd i fod yn ddyn a alwyd yn 'Frenin Llyfrau' yng Nghymru. Pan oedd yn fachgen bach, roedd Thomas Llywelyn Jones yn arfer mynd bob dydd i siop Gomer yn Llandysul i ladd amser cyn dal y bws adre. Yno, byddai'n darllen yn ddiwyd, heb fyth brynu llyfr! Un diwrnod rhoddodd perchennog y siop lyfr yn anrheg i T. Llew Jones. Flynyddoedd yn ddiweddarach, Gwasg Gomer gyhoeddodd bob un o'r llyfrau a ysgrifennodd T. Llew Jones erioed.

Bu T. Llew Jones yn athro ac yn brifathro yn Ysgol Coedybryn. Yn y pen draw aeth i ysgrifennu llyfrau'n llawn amser. Ei nofel gyntaf oedd *Trysor Plas y Wernen*; dyma'r llyfr cyntaf o blith hanner cant i gyd. Mae ei nofelau a'i straeon yn llawn antur a dirgelwch Ceredigion; ogofâu smyglwyr Bae Aberteifi, Twm Siôn Cati, Siôn Cwilt a Barti Ddu. Rhaid cofio bod T. Llew Jones yn fardd arbennig hefyd ac mae rhai o'i gerddi megis 'Traeth y Pigyn' a 'Cwm Alltcafan' yn drysorau y mae nifer fawr o bobl yn gwybod ar eu cof.

Enillodd T. Llew Jones y Gadair yn yr Eisteddfod Genedlaethol yn 1958 a 1959. Yn 1991, enillodd wobr Mary Lloyd Jones am ei gyfraniad gwych i lenyddiaeth plant Cymru. Roedd T. Llew Jones hefyd yn chwarae gwyddbwyll, ac roedd yn arbennig o dda am wneud hyn. Ysgrifennodd lyfr am wyddbwyll gyda'i fab, Iolo Jones. Dyma'r unig lyfr am wyddbwyll sydd ar gael yn y Gymraeg. Bu T. Llew Jones farw ar y 9fed Ionawr 2009, yn 93 oed yn ei gartref ym Mhontgarreg, yn agos at y môr a fu'n gymaint o ran o'i nofelau.

Ysgrifennwch ffeithffeil am T. Llew Jones.

Pa wybodaeth fyddech chi'n ei chynnwys?

Tal, Byr, Cyflym a Chryf!

Pan oedd yn 14 oed, dechreuodd Leonid Stadnik dyfu'n gyflym dros ben. Erbyn heddiw, ef yw'r dyn talaf yn y byd – yn 2.57 metr! Mae ei draed yn 43 centimedr o hyd, a dydy e ddim yn medru fforddio prynu esgidiau arbennig i'w gwisgo, felly gan amlaf mae'n cerdded o gwmpas y lle yn droednoeth. Mae Leonid hefyd yn cael trafferth i gerdded o gwmpas ei dŷ, gan fod y nenfwd yn rhy isel iddo.

Mae'r dyn byrraf yn y byd yn dod o wlad Tsieina. He Pingping yw ei enw ac mae'n mesur 73 centimedr o daldra.

Beth yn eich ystafell ddosbarth chi sy'n 73 centimetr?

Mae mam a thad He Pingping yn mesur yr un peth â phobl gyffredin, felly roedd hi'n dipyn o syndod bod eu mab mor fyr.

Y dyn cyflymaf yn y byd ar hyn o bryd yw Usain Bolt. Yn y Gêmau Olympaidd yn Beijing yn 2008 gwnaeth Bolt dorri ei record byd ef ei hun, gan redeg 100 metr mewn 9.69 eiliad. Faint mae'n ei gymryd i chi redeg 100 metr?

Y dyn talaf a fu erioed oedd Robert Wadlow, a fu farw yn 1940. Roedd Wadlow yn 2.72 metr o daldra ac yn dal i dyfu hyd yn oed pan oedd yn ddyn. Roedd Wadlow yn dioddef o afiechyd oedd yn golygu nad oedd yn medru stopio tyfu.

Jill Mills, o Unol Daleithiau America yw'r fenyw gryfaf yn y byd. Mae'n medru codi car uwch ei phen!

Grwpiau Trafod

1. Beth sydd yn arbennig am Leonid Stadnik?
2. Ym mha ffordd mae bywyd yn anodd i Leonid Stadnik?
3. Beth yw enw'r person sydd yn hollol wahanol i Leonid Stadnik?
4. Pa bethau y gallwch chi ddod o hyd iddynt yn yr ysgol sydd yn mesur llai na 75 centimedr?
5. Beth sydd yn arbennig am Robert Wadlow?
6. Pa record y mae Usain Bolt yn ei ddal?
7. Beth mae'r fenyw gryfaf yn y byd yn medru ei wneud?
8. Pa un o'r bobl hyn fyddech chi'n hoffi ei gyfarfod? Pam?

Edrychwch ar y geiriau hyn: cyflym   cyflymaf   byr   byrraf

Edrychwch ar y lluniau hyn.

Rhowch y geiriau yn y llefydd cywir.

taclus   tal   pell   drud   taclusaf   talaf   pellaf   drutaf

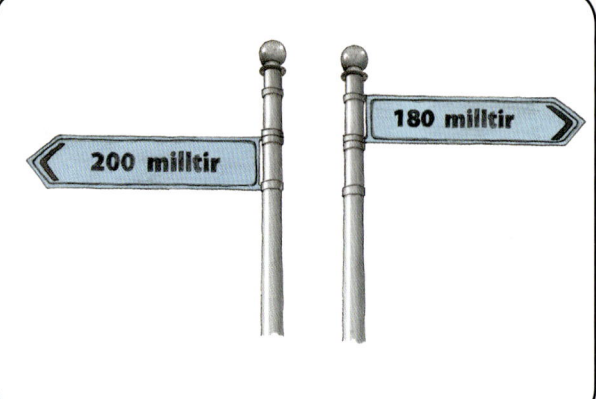

Mae disgyblion yn eich ysgol chi am dorri record er mwyn cael eu cynnwys yn y *Guinness Book of Records*.

> Pa record y byddai disgyblion yn eich grŵp chi yn hoffi ei osod?
>
> Gallai fod mor wallgo ag yr hoffech chi!

Gwnewch nodiadau

1. Pa record oedd y dosbarth yn ceisio ei dorri?
2. Faint o blant oedd yn cymryd rhan?
3. Beth yn union ddigwyddodd?
4. A wnaethoch chi lwyddo neu beidio?
5. A oedd rhywun yno'n tynnu eich llun?
6. Ydy'r hanes yn mynd i fod yn y *Guinness Book of Records* neu beidio?

Ysgrifennwch erthygl fer i'r papur bro lleol am yr hyn ddigwyddodd. Cofiwch fydd angen:

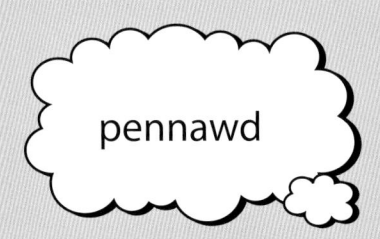

- pennawd
- is-benawdau
- colofnau

Gallai brawddegau fel hyn fod yn ddefnyddiol:

Roedd cyffro mawr yn ysgol …. pan oedd y disgyblion wedi ceisio …	
Nod y disgyblion oedd …	
Llwyddodd y disgyblion i …	Cafodd y disgyblion hwyl ar …
Yr uchafbwynt oedd …	Bydd yr hanes i'w weld yn …

Sêr Gemau'r Gymanwlad, Ewrop a'r Byd'

Sêr Gemau'r Gymanwlad, Ewrop a'r byd

Gemau'r Gymanwlad, Caerdydd, 1958
Dyma'r gemau pwysicaf sydd wedi'u cynnal yng Nghymru erioed. Cawson nhw'u cynnal ym Mharc yr Arfau a chafodd pwll nofio gwych Pwll yr Empire ei adeiladu yn arbennig ar eu cyfer. Daeth 1,122 o gystadleuwyr o 35 gwlad i gystadlu mewn naw camp. Gemau'r Gymanwlad yw'r unig fabolgampau o bwys lle mae Cymru yn gallu cystadlu fel gwlad ar wahân. Enillodd Cymru un fedal aur (Howard Winstone am baffio), tair arian a saith efydd ym 1958.

Seremoni agoriadol Gemau'r Gymanwlad 1958

Dim ond un athletwr o Gymru, Lynn Davies, sydd wedi cipio medal aur yn y Gemau Olympaidd erioed. Curodd 'Lynn the Leap' o Nant-y-moel bencampwr y byd, Ralph Boston o America, trwy neidio 8.23 metr yn y naid hir yn Tokyo ym 1964. Yn 2007, 8.95 metr oedd record y byd yn y naid hir.

Ers y 1970au, mae Cymru wedi cynhyrchu rhai o'r gwibwyr dros y clwydi gorau yn y byd – yn eu plith, Berwyn Price o Bontllan-fraith a enillodd y fedal aur yng Ngemau'r Gymanwlad ym 1978, a Nigel Walker o Gaerdydd a enillodd fedalau efydd y byd ac Ewrop, cyn troi at rygbi ac ennill dau gap ar bymtheg dros ei wlad fel asgellwr cyflym iawn. Wedyn, cipiodd Kay Morley-Brown fedal aur yn y ras 100 metr dros y clwydi yng Ngemau'r Gymanwlad ym 1990, a Paul Gray y fedal efydd yn y ras 400 metr dros y clwydi yng Ngemau'r Gymanwlad 1994.

Ond, y gwibiwr dros y clwydi enwocaf o bell ffordd yw Colin Jackson, athletwr trac gorau Cymru erioed. Ei gamp fwyaf oedd ennill pencampwriaeth a thorri record y byd mewn 12.91 eiliad yn y ras 110 metr dros y clwydi uchel yn Stuttgart ym 1993. Bu Jackson yn bencampwr byd yn y ras 60 metr dros y clwydi dan do hefyd. Yn ystod ei yrfa wych, cipiodd 22 medal (deuddeg aur), 62 fest ryngwladol dros Brydain, a bu'n cystadlu ym mhob un o Gemau Olympaidd 1988-2000. Roedd e'n siomedig na lwyddodd i ennill medal aur Olympaidd, ond fel y dywedodd, 'Rwy'n bencampwr y byd a fi sy'n dal record y byd – felly fedra i ddim cwyno'. Enillodd e fedal arian yn Seoul ym 1988 er hynny.

Gorchestion y paralympiaid

Mae dau athletwr paralympaidd o Gymru wedi cael llwyddiant anhygoel. Nofio a rasio cadair olwyn oedd campau Chris Hallam, gan ennill medalau yn Seoul (1988), Barcelona (1992) ac Atlanta (1996).

Ond, mae record Tanni Grey-Thompson yn well fyth. Mae hi wedi cystadlu mewn pob math o rasys cadair olwyn, o rai 100 metr i'r marathon, ac ennill bron bob tro. Rhwng popeth, mae ganddi un ar ddeg medal aur, mae hi wedi torri ugain record byd ac mae hi wedi ennill Marathon Llundain chwe gwaith. Mae'r darlun ohoni yn croesi'r llinell derfyn â'i dwrn yn yr awyr yn fuddugoliaethus yn symbol o'i dewrder, ei phenderfyniad a'i thalent rhyfeddol fel athletwraig fyd-enwog.

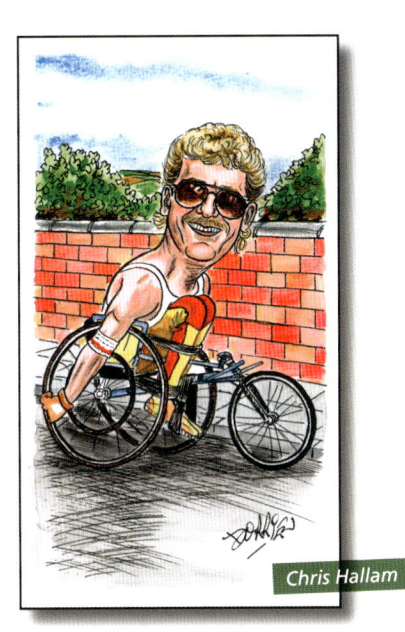

Chris Hallam

Tanni Grey-Thompson

Ambell seren lachar arall

Enillodd Valerie Davies o Gaerdydd fedal efydd yn y ras nofio ar y cefn 100 metr yng Ngemau Olympaidd Los Angeles 1932.
Aeth y tîm i Efrog Newydd ar long, yna ar y trên ar draws America. Doedd dim pwll nofio yn y gwesty lle roedd y merched yn aros a dim cyfle felly i ymarfer o gwbl cyn y ras fawr.

Camp arbennig Iwan Thomas a Jamie Baulch oedd ennill medalau arian yn ras gyfnewid 4x400 metr Gemau Olympaidd Atlanta 1996. Bu Baulch yn bencampwr byd dan do a Thomas yn bencampwr Ewrop a'r Gymanwlad – y ddau am redeg 400 metr.

Enillodd Martyn Woodroffe fedal arian am nofio yn y dull pili-pala yng Ngemau Olympaidd México 1968.

Enillodd Kirsty Wade dair medal aur yng Ngemau'r Gymanwlad ym 1982 a 1986, yn y rasys 800 a 1,500 metr.

Grwpiau Trafod

1. Beth ddigwyddodd yng Nghaerdydd yn 1958?
2. Beth gafodd ei adeiladu ar gyfer y gêmau hyn?
3. A oedd Cymru'n llwyddiannus yn y gêmau hyn? Pam?
4. Beth oedd camp Lynn Davies yng Ngêmau Olympaidd Tokyo yn 1964?
5. Mae Nigel Walker wedi cynrychioli ei wlad mewn dau fath o chwaraeon. Pa ddau?
6. Enwch ddau beth llwyddodd Colin Jackson i'w gwneud.
7. Beth yw camp Tanni Grey-Thompson?
8. Beth wnaeth Iwan Thomas a Jamie Baulch yng Ngêmau Olympaidd Atlanta 1996?

Trafodwch mewn grwpiau:

Mae athletwyr o Gymru'n cystadlu yn y Gêmau Olympaidd fel rhan o dîm Prydain Fawr, sef gwledydd Lloegr, yr Alban, Gogledd Iwerddon a Chymru gyda'i gilydd.

Mae rhai'n credu y dylai athletwyr Cymru gael yr hawl i gystadlu dros Gymru ac nid dros Brydain Fawr.

Beth yw'ch barn chi?

- yn fy marn i
- rwy'n credu
- rwy'n teimlo

Dychmygwch eich bod yn athletwr o Gymru a fydd yn cystadlu yn y Gêmau Olympaidd nesaf. Byddai'n well o lawer gyda chi wisgo crys â'r ddraig goch arno na chrys â Jac yr Undeb arno.

Penbleth! Beth ydych chi'n mynd i'w wneud?

Y Tortsh Hud

Un prynhawn Gwener, roedd Gwyn a'i ffrind Owen yn cerdded adref o'r ysgol ar hyd lôn fach yn y wlad.

"Beth am rasio at y sticill?" gofynnodd Gwyn.

"Iawn," meddai Owen. "Ar ôl tri … Un, dau … tri!"

Rhedodd y ddau fachgen fel y gwynt, a'u bagiau ysgol yn siglo ar eu hysgwyddau. Gwyn oedd yn ennill, ond wrth iddo redeg heibio i'r tro yn y lôn, dyma fe'n sefyll yn stond.

"Be' sy'n bod?" galwodd Owen, ond pan gyrhaeddodd e ar y tro gwelodd fod Gwyn wedi sylwi ar dri bachgen hŷn yn loetran wrth y sticill.

"Bili Bwli a'i ffrindiau," meddai Gwyn yn ddigalon, ond ddywedodd Owen ddim byd am eiliad. Roedd e'n poeni am fod yn rhaid iddo ddringo dros y sticill i gyrraedd adref.

Cerddodd y ddau yn eu blaen yn araf, ond wrth iddynt nesáu, camodd y tri bachgen hŷn i ganol y lôn. Roedd bachgen tal, tenau, gyda breichiau ei siaced a choesau ei drowser yn rhy fyr o lawer iddo, yn sefyll nesaf at Bili. Sniff oedd enw hwn, am ei fod yn sniffian drwy'r amser. Roedd gan y trydydd bachgen lygaid bach a thrwyn smwt ac roedd plant yr ardal yn ei adnabod fel 'Mochyn'.

Cilwenodd Bili ar Owen wrth iddo gyrreadd ato.

"Hei! Ti! Beth wyt ti?" gofynnodd. Atebodd Owen ddim, felly gwthiodd Bili Bwli e yn ei frest. "Wedi colli dy dafod, wyt ti?" meddai'n fygythiol. "Dere mlaen … ateb fi … beth wyt ti?"

"Bachgen?" cynigiodd Owen yn dawel.

Chwarddodd y tri bachgen hŷn.

"Nage!" gwaeddodd Bili. "Tria eto! Mae'n dechrau gyda 'm'!"

Plygodd Owen ei ben. "Dwi ddim yn gwybod."

Trodd Bili Bwli at ei ddau ffrind a gwawdio:

"O! Druan ag e! Babi bach mami! Dyw e ddim yn gwybod beth yw e!" Chwarddodd y ddau. Trodd Bili'n ôl at Owen. "Wyt ti eisie cliw?" gofynnodd. "Rhywbeth sy'n byw yn y jyngl ac yn bwyta bananas …"

Ddaeth ddim ateb, felly gwthiodd Bili Owen unwaith eto – yn galetach y tro hwn.

"Mwnci," meddai Owen o dan ei anadl.

"Ie, yn hollol," meddai'r bachgen hŷn. "Felly bant â ti i'r jyngl, y mwnci bach!" A dyma fe'n gwthio Owen tuag at y sticill.

Dringodd Owen drosti a dechrau rhedeg mor gyflym ag y gallai. Plygodd Mochyn a Sniff, gan godi cerrig o'r lôn a'u taflu ato.

"Hei! Peidiwch!" gwaeddodd Gwyn, gan wasgu ei ddyrnau. "Gadewch lonydd iddo fe!"

"Beth?" brathodd Bili wrth gamu tuag at Gwyn. Trodd Bili Bwli at y ddau arall. "Glywsoch chi hynny?"

"Do," meddai Sniff.

"Rho glatsien iddo fe," meddai Mochyn.

Ond yn lle hynny, cipiodd Bili Bwli fag Gwyn oddi ar ei ysgwydd a throi'r bag wyneb i waered, gan wasgaru llyfrau, pensiliau a bocs cinio Gwyn ar hyd y llawr. Dechreuodd Gwyn gamu tuag ato, ond cydiodd Sniff a Mochyn yn ei freichiau a'i ddal yn ôl.

"Faint o arian sy 'da ti?" gofynnodd Bili, ond atebodd Gwyn ddim.

Estynnodd y bachgen hŷn i mewn i boced trowser Gwyn a thynnu darn punt ohono.

"Dyw hyn ddim yn ddigon," meddai Bili Bwli. "Rwy'n moyn rhagor! Dere ag e i ni dydd Llun. Gwna di'n siwr nad wyt ti'n fy siomi i.

Byddwn ni'n aros amdanat ti a dy fwnci bach ar ôl ysgol – iawn?" Yna, trodd y tri a cherdded tua'r pentref gan chwerthin.

Roedd Gwyn yn crynu wrth iddo gasglu'i lyfrau a'u rhoi yn ôl yn ei fag. Dechreuodd gerdded yn araf am adre, ond cyn mynd yn bell, ciciodd ei droed yn erbyn rhywbeth caled. Roedd rhywbeth coch ar lawr yn y glaswellt. Plygodd Gwyn i edrych arno. "Tortsh," sibrydiodd, a gwasgodd y botwm oedd arno gyda'i fawd. Roedd e'n gweithio!

Fflachiodd pelydr o olau tua'r llawr a tharo carreg ond, er syndod i Gwyn, diflannodd y garreg ar unwaith ac yna diflannodd y golau. Syllai Gwyn yn gegrwth: "Ble yn y byd aeth y garreg?" mwmialodd. Penliniodd yn y glaswellt a phrocio'i fys lle bu'r garreg. Er na allai weld y garreg, gallai ei theimlo o hyd. Cododd hi, a'i dal rhwng ei fys a'i fawd cyn gadael iddi gwympo i'r llawr. "Tortsh hud yw e, mae'n rhaid," sibrydodd, gan ddechrau astudio'r tortsh yn fwy manwl.

Wrth iddo'i droi yn ei ddwylo, gwasgodd y botwm eto, heb feddwl. Diflannodd ei law! Agorodd Gwyn ei lygaid led y pen a gollwng y tortsh. Syllai ar y bwlch lle dylai ei law fod ar waelod ei lawes ac yna mentrodd ei gyffwrdd â'i law dde. Gallai deimlo ei law ond ni allai ei gweld. Safodd Gwyn yn ei unfan am sbel, yn rhy syn i symud, ond yna gwthiodd y tortsh i'w fag a dechrau ymlwybro'n araf tuag adref. Wrth gerdded, sibrydai: "Beth wna' i? Mae fy llaw wedi diflannu! Beth ar wyneb y ddaear ydw i'n mynd i wneud?"

Grwpiau Trafod

1. Mae Gwyn a'i ffrind yn rhedeg "fel y gwynt". Sut ydych chi'n credu y maen nhw'n rhedeg felly?

2. Beth yw enw'r ddau fachgen sydd gyda Bili Bwli? Disgrifiwch y ddau fachgen.

3. Sut mae Bili'n trin Owen? Meddyliwch am 3 pheth y mae Bili'n ei ddweud neu'n ei wneud i Owen.

4. Ydy Gwyn yn amddiffyn Owen? Sut?

5. Beth mae Gwyn yn ei weld yn y glaswellt?

6. Beth sy'n digwydd i'r garreg ac i law Gwyn?

Dychmygwch mai chi yw Gwyn.

- Beth ydych chi'n mynd i'w wneud ynglŷn â'ch llaw?
- Beth ydych chi'n mynd i'w wneud â'r tortsh?

Ysgrifennwch gofnod yn nyddiadur Gwyn y noson honno cyn iddo fynd i gysgu.

Beth fyddai Gwyn yn ei roi yn ei ddyddiadur?

Sut mae Bili a'r criw yn ei drin.	Sut mae e'n teimlo tuag at Bili.	Ei gynlluniau gyda'r tortsh hud.

Beth sydd ei angen arnon ni er mwyn creu dyddiadur llwyddiannus?

Meddyliwch am ddyddiaduron eraill yr ydych chi wedi eu darllen.

Beth sydd yn gwneud dyddiadur yn ddyddiadur? Ceisiwch feddwl am 4 peth gwahanol.

1.

2.

3.

4.

Iaith

Byddwch yn defnyddio nifer fawr o ferfau yn eich dyddiadur.

A allai'r berfau hyn fod o ddefnydd i chi wrth ddisgrifio beth mae Bili wedi ei wneud i chi?

Taflodd Bili	Ciciodd Bili	Gwthion nhw
Gwaeddodd Owen	Rhedon ni	Teimlais i

Byddwch chi hefyd eisiau sôn am y ffordd yr ydych chi'n teimlo nawr, a beth rydych chi'n mynd i'w wneud yn y dyfodol.

Rydw i eisiau	Rwy'n teimlo fel	Gallwn i
Gallai Owen a minnau	Rwy ar dân eisiau	Beth am …?

Beth am roi her arall i'ch hunan?

Beth am ddefnyddio ychydig o idiomau yn y dyddiadur?

Beth am ambell un o'r rhain?

- yn dân golau
- heb siw na miw
- rhoi'r ffidil yn y to
- gorau glas

Ysgrifennwch eich dyddiadur.

Wedi i chi orffen, darllenwch eich dyddiadur yn ofalus eto.

Beth yw'ch barn chi am:

- ☐ gynnwys y dyddiadur?
- ☐ yr iaith yr ydych chi wedi'i defnyddio?

Rhowch flwch fel hyn o dan y dyddiadur.

Er mwyn gwella'r gwaith ymhellach hoffwn i …

✦
✦
✦
✦
✦